Políticas para el futuro de la pesca y la acuicultura en Perú

OCDE
MEJORES POLÍTICAS
PARA UNA VIDA MEJOR

Por favor, cite esta publicación de la siguiente manera:
OECD (2026), *Políticas para el futuro de la pesca y la acuicultura en Perú*, OECD Publishing, Paris, https://doi.org/10.1787/712e7084-es.

ISBN 978-92-64-46064-5 (impresa)
ISBN 978-92-64-44565-9 (PDF)
ISBN 978-92-64-49905-8 (HTML)

Imágenes: Portada © Elisa Locci/Shutterstock.com.

Las erratas de las publicaciones se encuentran en línea en: https://www.oecd.org/en/publications/support/corrigenda.html.

Preámbulo

El Consejo de la OCDE decidió iniciar las conversaciones de adhesión con Perú el 25 de enero de 2022. El 10 de junio de 2022, el Consejo adoptó una hoja de ruta para la adhesión de Perú al Convenio de la OCDE [C/MIN(2022)24/FINAL] (la «Hoja de Ruta»), donde se establecen los términos, las condiciones y el proceso para la adhesión a la OCDE. La Hoja de Ruta establece que, para que el Consejo pueda adoptar una decisión fundamentada sobre la adhesión de Perú, los comités técnicos de la OCDE mencionados en ella, en particular el Comité de Pesca (en adelante, COFI), examinarán a fondo el país.

El informe que figura a continuación (en adelante, «el informe»), se elaboró en apoyo de los debates sobre la revisión de la adhesión entre el Comité de Pesca y Perú. En él, se presentan pruebas y recomendaciones de políticas que tratan de fundamentar las futuras medidas que tome Perú para mejorar la eficacia de sus políticas de pesca y acuicultura, con miras a desarrollar un sector pesquero más sólido y resiliente, así como a promover la sostenibilidad y la productividad a largo plazo. El informe refleja la información facilitada en las respuestas al cuestionario sobre la política de adhesión del Comité, los cuestionarios de datos, la información proporcionada en las solicitudes de datos ligadas a la publicación *OECD Review of Fisheries*, así como al seguimiento y los intercambios subsiguientes, y la información recogida a raíz de la misión de investigación de la Secretaría que tuvo lugar en junio de 2024. El informe también se basa en los datos estadísticos oficiales de diferentes instituciones peruanas, otras direcciones de la OCDE, otras organizaciones internacionales, como la Organización de las Naciones Unidas para la Alimentación y la Agricultura (FAO), y las publicaciones científicas. Se rige por los principios básicos de adhesión establecidos en la Hoja de Ruta y los marcos analíticos utilizados por el Comité en su labor habitual de seguimiento de las políticas, realizada para elaborar su informe insignia, *OECD Review of Fisheries*. La información del informe es exacta a fecha de septiembre de 2025.

De conformidad con el párrafo 28 de la Hoja de Ruta y a petición de Perú, el Comité de Pesca aceptó desclasificar el presente informe y publicarlo bajo la autoridad del Secretario General, con el fin de que más personas puedan conocer su contenido. La publicación de este documento y el análisis y las recomendaciones que contiene no prejuzgan en modo alguno el resultado de las evaluaciones efectuadas como parte del proceso de adhesión de Perú a la OCDE.

Agradecimientos

El presente informe fue elaborado por la Unidad de Pesca y Acuicultura de la Dirección de Comercio y Agricultura de la OCDE (TAD) en apoyo de los debates sobre la revisión de la adhesión entre el COFI y Perú. Sus autores y coordinadores fueron Will Symes, Lorena Rivera y Claire Delpeuch, quienes contaron con contribuciones de los siguientes colegas de la OCDE: Fabiana Cerasa, responsable de las estadísticas del informe, Maki Katsube y Juan Pablo Rosado. Julia Nielson (directora adjunta de la TAD) y Guillaume Gruère (director de la División de Políticas Agrícolas y de Recursos) aportaron orientaciones estratégicas, opiniones y asesoramiento. Fernando Aranceta también ayudó con contribuciones y opiniones de gran valor.

El informe se elaboró en estrecha colaboración con las autoridades peruanas, principalmente con el Ministerio de la Producción. El ministro César Quispe Luján realizó la presentación ante el COFI e intercambió puntos de vista con el Comité en lo que respecta a las principales dificultades a las que se enfrenta el sector y las prioridades clave del Gobierno peruano. El informe también se benefició en gran medida de las aportaciones y opiniones sustantivas que presentó el equipo de expertos del Ministerio de la Producción en Lima, en particular Lourdes del Pilar Álvarez Chávez, coordinadora del equipo, Kelly Quispe Pandia e Iván Camasca Giraldo. La embajadora Ana Rosa Valdivieso, el ministro Luis Mayaute, el ministro Gerald Pajuelo y la Sra. Pierina Gonzales de la Misión Permanente de Perú ante las organizaciones económicas internacionales en París también proporcionaron un apoyo inestimable al proceso de revisión.

El equipo de la OCDE también quiere expresar su agradecimiento a los innumerables funcionarios gubernamentales, pescadores, productores acuícolas y demás partes interesadas que participaron en la misión de investigación de la OCDE del 10 al 13 de junio de 2024, así como en los debates de seguimiento, por sus valiosos comentarios y aportaciones.

Índice

Preámbulo	3
Agradecimientos	4
Siglas	8
Resumen ejecutivo	9
Conclusiones y recomendaciones clave	11
References	23
Notas	24
1 Situación de la pesca y la acuicultura en Perú	25
1.1. En la producción pesquera de Perú, predomina la pesca de captura marina	26
1.2. Empleo	36
1.3. Flota	40
1.4. Pesca de captura continental	45
References	47
Notas	49
2 Gobernanza de la pesca en Perú	50
2.1. Gobernanza institucional nacional	52
2.2. Marco jurídico integral	54
2.3. Colaboración horizontal entre las instituciones gubernamentales de gobernanza pesquera en Perú	59
2.4. La inestabilidad política repercute en la gobernanza de la pesca	62
2.5. Participación de las partes interesadas en la formulación de políticas en Perú	62
2.6. Participación de Perú en los acuerdos y órganos internacionales y regionales pertinentes en la esfera de la pesca y la acuicultura	64
References	66
Notas	67
3 Ordenación pesquera en Perú	68
3.1. El estado de las poblaciones de peces peruanas	70
3.2. La ordenación de la pesca de la anchoveta en Perú	72
3.3. La ordenación de otras pesquerías en Perú	77
References	83
Notas	85

4 Apoyo gubernamental a la pesca en Perú 87
4.1. Apoyo a la pesca en Perú 89
4.2. Composición del apoyo a la pesca en Perú 91
4.3. Perfil de riesgo de la combinación de políticas de apoyo a la pesca en Perú 95
References 98
Notas 98

5 Seguimiento, control y vigilancia, y lucha contra la pesca ilegal, no declarada y no reglamentada en Perú 99
5.1. Seguimiento, control y vigilancia de la pesca en Perú 101
5.2. Mecanismos de registro y autorización de las actividades pesqueras en Perú 105
5.3. La lucha contra la pesca ilegal, no declarada y no reglamentada en Perú 108
References 112
Notas 114

6 Políticas acuícolas en Perú 115
6.1. Marco integral de políticas para regular la producción acuícola en Perú 117
6.2. Sistema de licencias y permisos pesqueros en Perú 120
6.3. Una visión a largo plazo del sector: Política Nacional de Acuicultura al 2030 de Perú 122
6.4. La informalidad puede tener importantes repercusiones en el crecimiento futuro del sector 122
6.5. Beneficios de los diversos instrumentos de apoyo, incluidos los incentivos fiscales 123
6.6. Desafíos ambientales y necesidad de una visión a largo plazo y de estrategias adaptables 125
References 127
Notas 128

Cuadros

Cuadro 1. Desembarques de las principales especies en 2022 (toneladas) 12
Cuadro 2. Coordinación y funciones institucionales con relación al Ministerio de Pesquería 14
Cuadro 3. Apoyo al sector pesquero (promedio anual entre 2020 y 2022) 17
Cuadro 1.1. Desembarques de las especies principales en Perú, 2022 28
Cuadro 1.2. Número de derechos acuícolas concedidos en Perú, por categoría, 2022 34
Cuadro 1.3. Cantidad de pescadores artesanales en Perú, 1995-2022 39
Cuadro 1.4. Tipos de artes de pesca declarados por las embarcaciones de la flota artesanal peruana, 2023 41
Cuadro 2.1. Reglamentos de Ordenamiento Pesquero por especie y región en Perú, mediados de 2025 56
Cuadro 2.2. El régimen de explotación pesquera y sus categorías en Perú 56
Cuadro 2.3. Tipos de derechos de pesca en Perú 57
Cuadro 2.4. Clasificación de los pescadores artesanales según las definiciones de la legislación peruana 57
Cuadro 2.5. Coordinación y funciones institucionales relacionadas con la gobernanza de la pesca por parte de instituciones distintas del Ministerio de la Producción en Perú 59
Cuadro 2.6. Ministros del Ministerio peruano de la Producción entre 2019 y 2025 62
Cuadro 2.7. Principales organizaciones regionales de ordenación pesquera en las que participa Perú 64
Cuadro 2.8. Participación de Perú en los acuerdos internacionales y regionales pertinentes en la esfera de la pesca 65
Cuadro 3.1. Clasificación del nivel de explotación de los recursos marinos y estrategia establecida por el Ministerio de Pesca peruano 72
Cuadro 3.2. Estrategias de gestión biológica recogidas en determinados Reglamentos de Ordenamiento Pesquero de Perú 77
Cuadro 4.1. Apoyo al sector pesquero (promedio anual entre 2020 y 2022) 90
Cuadro 5.1. Principales instituciones que participan en el seguimiento, el control y la vigilancia, y en la lucha contra la pesca ilegal, no declarada y no reglamentada en Perú 102
Cuadro 6.1. Número de derechos acuícolas concedidos en Perú, por categoría, 2022 117
Cuadro 6.2. Las instituciones y sus competencias en el contexto de la concesión de derechos acuícolas en Perú 121

Cuadro 6.3. Política Nacional de Acuicultura al 2030 de Perú: principales objetivos y esferas de acción prioritarias 122
Cuadro 6.4. Principales instrumentos de apoyo aplicables al sector de la acuicultura en Perú 124

Gráficos

Gráfico 1.1. Producción pesquera de Perú, 2012-2022 27
Gráfico 1.2. Desembarques de la pesca marítima por volumen en Perú y los 20 primeros países miembros de la OCDE, 2022 29
Gráfico 1.3. Desembarques de la pesca marítima por valor en Perú y los 20 primeros países miembros de la OCDE, 2022 30
Gráfico 1.4. Producción acuícola por volumen de Perú, 2012-2022 32
Gráfico 1.5. Volumen de la producción acuícola en Perú y los 20 primeros países miembros de la OCDE, 2022 33
Gráfico 1.6. Producción acuícola en Perú por grupos de especies, 2012 y 2022 34
Gráfico 1.7. Comercio internacional de productos pesqueros de Perú, 2012-2022 35
Gráfico 1.8. Empleo en el sector de la pesca y la acuicultura en Perú, 2012-2022 37
Gráfico 1.9. Empleo en el sector pesquero en la OCDE, 2022 38
Gráfico 1.10. Cantidad de embarcaciones de la flota pesquera en Perú y los 20 primeros países miembros de la OCDE, 2022 42
Gráfico 1.11. Arqueo bruto de la flota pesquera en Perú y los 20 primeros países miembros de la OCDE, 2022 43
Gráfico 1.12. Cantidad de buques de la flota pesquera en Perú, 2012 y 2022 44
Gráfico 1.13. Capacidad total de arqueo bruto de la flota de pesca marítima en Perú, 2012 y 2022 44
Gráfico 1.14. Producción total de la pesca continental en Perú, 2012-2022 45
Gráfico 1.15. Producción de la pesca continental por volumen en Perú y los 20 primeros países miembros de la OCDE, 2022 46
Gráfico 2.1. Gobernanza institucional del sector pesquero peruano 53
Gráfico 3.1. Estado de las poblaciones de peces evaluadas en lo que respecta a la sostenibilidad biológica y las metas de productividad en 2024 71
Gráfico 3.2. Límites de capturas totales permisibles y desembarques de anchoveta en Perú, 2014-2025 75
Gráfico 4.1. Apoyo total anual a la pesca en los países miembros de la OCDE, promedio entre 2020 y 2022 90
Gráfico 4.2. Apoyo gubernamental a la pesca en Perú, 2012-2022 91
Gráfico 4.3. Distribución del apoyo total a la pesca por las categorías principales, promedio entre 2020 y 2022 92
Gráfico 4.4. Composición del apoyo de Perú a la pesca, 2012-2022 92
Gráfico 4.5. Riesgos de fomentar la pesca no sostenible asociados a los distintos tipos de políticas de apoyo, en función de la ordenación pesquera, la salud de las poblaciones de peces y el diseño de las políticas 96
Gráfico 4.6. Perfil de riesgo del apoyo a la pesca, 2020-2022 97
Gráfico 5.1. Medios electrónicos y físicos para el control y la vigilancia de la pesca en Perú 104
Gráfico 6.1. Producción de trucha arcoíris y ostión en Perú, 2012-2022 126

Recuadros

Recuadro 1.1. Producción de harina y aceite de pescado en Perú 31
Recuadro 1.2. Alto nivel de informalidad en el mercado laboral peruano 39
Recuadro 2.1. Reconocimiento de la pesca tradicional ancestral y la pesca tradicional artesanal 58
Recuadro 2.2. El Instituto del Mar del Perú 60
Recuadro 3.1. Capturas accesorias en las pesquerías peruanas 79
Recuadro 4.1. Base de datos Fisheries Support Estimate de la OCDE 89
Recuadro 4.2. Apoyo financiero a los pescadores artesanales de calamar gigante 93
Recuadro 5.1. Las embarcaciones extranjeras y la pesca de calamar gigante 107
Recuadro 6.1. Repercusiones del cambio climático en la producción de trucha y ostión 126

Siglas

AB	Arqueo bruto
AMERP	Acuerdo sobre Medidas del Estado Rector del Puerto
CIAT	Comisión Interamericana del Atún Tropical
CITE	Centro de Innovación Productiva y Transferencia Tecnológica
CTP	Capturas totales permisibles
DGSFS	Dirección General de Supervisión, Fiscalización y Sanción
DICAPI	Dirección General de Capitanías y Guardacostas
ENOS	El Niño-Oscilación del Sur
FAO	Organización de las Naciones Unidas para la Alimentación y la Agricultura
FONDEPES	Fondo Nacional de Desarrollo Pesquero
FSE	Fisheries Support Estimate
ha	Hectárea
IGV	Impuesto general a las ventas
IMARPE	Instituto del Mar del Perú
INDNR	Ilegal, no declarada y no reglamentada
ITP	Instituto Tecnológico de la Producción
kg	Kilogramo
m	Metro
MSY	Rendimiento máximo sostenible
Mt	Millones de toneladas
OEFA	Organismo de Evaluación y Fiscalización Ambiental
OROP	Organización regional de ordenación pesquera
OSCV	Ordenación, seguimiento, control y vigilancia
PIB	Producto interno bruto
PRODUCE	Ministerio de la Producción
ROP	Reglamento de Ordenamiento Pesquero
SANIPES	Autoridad Nacional de Sanidad e Inocuidad en Pesca y Acuicultura
SCV	Seguimiento, control y vigilancia
SIMTRAC	Sistema de Identificación y Monitoreo del Tráfico Acuático
SINACUI	Sistema Nacional de Acuicultura
SISESAT	Sistema de Seguimiento Satelital de Embarcaciones Pesqueras
SPRFMO	Organización de Ordenación Pesquera Regional del Pacífico Sur
t	Tonelada
UIT	Unidad impositiva tributaria
USD	Dólar de los Estados Unidos
VUA	Ventanilla Única de Acuicultura
ZEE	Zona económica exclusiva

Resumen ejecutivo

Perú es uno de los mayores productores de pesca de captura del mundo. En 2022, Perú produjo 5,5 millones de toneladas (Mt) de pescado, por un valor de 2 978 millones de USD, combinando la producción de la pesca de captura marina y de la acuicultura. Esta cifra representa el 3 % de la producción mundial total de la pesca y la acuicultura. La producción pesquera en Perú se compone en su gran mayoría de desembarques marinos procedentes de la pesca de captura a lo largo de la costa del Pacífico, que representa un 97,4 % del volumen y un 84,8 % del valor. De esta forma, Perú habría sido el mayor productor de pesca de captura marina entre los miembros de la OCDE en términos de volumen de desembarques y el sexto productor más grande a efectos de valor.

El sector pesquero de Perú depende en gran medida de la anchoveta peruana (*Engraulis ringens*), que representa el 77 % del total de desembarques pesqueros del país (en términos de volumen) y constituye la base de la industria de la harina y el aceite de pescado. La siguen el calamar gigante (*Dosidicus gigas*) y el jurel (*Trachurus murphyi*), con porcentajes del 8,5 % y el 3,1 %, respectivamente.

La acuicultura representa una parte pequeña de la producción, pero es una esfera clave para el crecimiento futuro. En 2022, la producción total de la acuicultura en Perú fue de 140 930 t, lo que constituye una proporción mínima de la producción pesquera nacional (2,6 %), pero representa un aumento del 95 % desde 2012, cuando ascendía a 72 292 t. En 2022, Perú habría sido el 14.º productor acuícola más grande de los países miembros de la OCDE a efectos de volumen y el 16.º en términos de valor.

La producción pesquera es un importante empleador, pero, al igual que en otros sectores económicos, la informalidad sigue siendo un problema. En 2022, 128 011 personas trabajaban en el sector de la pesca y la acuicultura en Perú. Las actividades pesqueras, tanto la pesca de captura en el mar como en aguas interiores, representaron la mayor parte del empleo con 78 775 pescadores (un 61,5 %), seguidas del procesamiento (un 29,6 %), con 37 970 empleos, y la acuicultura (un 8,8 %), con 11 266.

El sistema de gobernanza de la pesca en Perú depende del Ministerio de la Producción y de la Ley General de Pesca. Las políticas pesqueras y acuícolas en Perú dependen del Ministerio de la Producción (en adelante, PRODUCE), que tiene competencia exclusiva sobre la ordenación de la pesca de captura y la acuicultura en mediana y gran escala. PRODUCE recibe el respaldo de un organismo público de ejecución, el Fondo Nacional de Desarrollo Pesquero, y de tres organismos técnicos independientes de carácter especializado, el Instituto del Mar del Perú (IMARPE), la Autoridad Nacional de Sanidad e Inocuidad en Pesca y Acuicultura, y el Instituto Tecnológico de la Producción.

Los gobiernos regionales desempeñan una función primordial a la hora de aplicar las políticas pesqueras y acuícolas, como la concesión de autorizaciones y permisos pesqueros para la pesca artesanal y de subsistencia, y la supervisión y el seguimiento de las actividades pesqueras, incluida la reunión de datos. Sin embargo, los gobiernos regionales se enfrentan a importantes dificultades, esencialmente relacionadas con la falta de recursos financieros y humanos, lo que obstaculiza su capacidad de llevar a cabo de manera eficaz las tareas que están bajo su responsabilidad.

La gran mayoría de la producción de la pesca de captura de Perú proviene de poblaciones sanas y productivas. Perú evalúa de manera regular 30 poblaciones de peces, de las cuales la gran mayoría (el 97 %) se encuentran por encima de los límites de la sostenibilidad biológica y en niveles que permiten maximizar la productividad (el 73 %). En particular, las cinco especies principales en términos de volumen, que representan el 91,5 % de los desembarques, son sostenibles y se encuentran en niveles que permiten maximizar la productividad.

Perú aplica un sistema de ordenación dinámico y adaptable para la anchoveta, y las cuotas individuales por embarcación mejoran la eficiencia económica de esta pesquería. El país también posee un sistema de seguimiento casi en tiempo real para fundamentar las decisiones en torno a los volúmenes de captura total permisible (CTP) y las vedas dinámicas y espaciales de la temporada de pesca. Aparte de la anchoveta, muchos tipos de pesca artesanal están sujetos a una ordenación con fundamento científico, pero la pesca informal y la construcción y alteración ilegales de buques pesqueros socavan su eficacia.

El apoyo gubernamental a la pesca en Perú es relativamente elevado en términos absolutos, pero de menor intensidad que el promedio de la OCDE. Perú destinó, de media, 97 millones de USD al año a apoyar la pesca durante el período comprendido entre 2020 y 2022. Por lo tanto, Perú habría sido el décimo de los países miembros de la OCDE que más apoyo prestó a la pesca durante ese período. Sin embargo, la intensidad del apoyo a la pesca en Perú es considerablemente menor que el promedio de la intensidad de la OCDE cuando se mide en relación con el valor de los desembarques, el empleo y el tamaño de la flota. Algo más de la mitad del apoyo a la pesca en Perú (el 51 %) conllevó el riesgo de fomentar la sobrepesca y la pesca ilegal, no declarada y no reglamentada (INDNR) en ausencia de una ordenación eficaz entre 2020 y 2022 (habiendo un 2 % que supuso un riesgo elevado y un 49 % que supuso un riesgo moderado en ese sentido). Esto se asemeja en líneas generales a lo que sucede en la OCDE en su conjunto, aunque con una proporción más elevada de apoyo con un riesgo moderado.

Perú cuenta con un marco jurídico integral para el seguimiento, el control y la vigilancia (SCV) de las actividades pesqueras, y realiza un seguimiento electrónico tanto de las flotas industriales como en pequeña escala. La Ley General de Pesca es el instrumento jurídico general que rige las actividades de SCV, así como la lucha contra la pesca INDNR y las actividades relacionadas con la pesca. Perú dispone de sistemas de registro y autorización de carácter integral en funcionamiento, los cuales engloban todos los operadores y buques pesqueros industriales, además de la pesca artesanal. Pese a ello, la informalidad continúa siendo una dificultad importante en el segmento de la pesca artesanal, en especial en las comunidades costeras remotas, pero también en los segmentos más desarrollados del sector pesquero. Perú también posee un sistema integral de seguimiento y sanción, el cual se revisó recientemente para fortalecer los controles sobre los buques con pabellón extranjero que operan en aguas peruanas, una cuestión prioritaria para las autoridades nacionales. Sin embargo, la eficacia de las sanciones se ha visto dificultada por las decisiones políticas que conceden la amnistía o el indulto a los infractores y cancelan o reducen de manera significativa el pago de multas por parte de dichos infractores.

Las políticas utilizadas por Perú para gestionar los sectores de la pesca y la acuicultura se han asegurado de que sean sectores sanos y productivos, pero siguen existiendo dificultades. Por ejemplo, los sistemas de gestión de la anchoveta son de primera categoría y dan ejemplo sobre cómo aplicar un enfoque de ordenación dinámico y adaptable hacia la pesquería. No obstante, la informalidad, un problema más amplio que se extiende a lo largo de toda la economía peruana, plantea dificultades a la hora de gestionar el sector a todos los niveles. Este informe proporciona recomendaciones de políticas que engloban lo siguiente: la gobernanza del sector; la ordenación pesquera; el apoyo gubernamental a la pesca; el seguimiento, el control y la vigilancia; la lucha contra la pesca ilegal, no declarada y no reglamentada; y la acuicultura. Estas recomendaciones tratan de fundamentar las futuras medidas de Perú para mejorar la eficacia de sus políticas de pesca y acuicultura, con miras a desarrollar un sector pesquero más sólido y resiliente, así como a promover la sostenibilidad y la productividad a largo plazo.

Conclusiones y recomendaciones clave

Panorama de las políticas de pesca y acuicultura en Perú

En esta sección, se sintetizan las principales conclusiones del informe sobre las políticas peruanas relativas a la pesca y la acuicultura. En el análisis realizado a lo largo del presente informe, los datos se comparan con los de los miembros de la OCDE. Las comparaciones se basan en los últimos datos comparables, que son de entre 2020 y 2022, dependiendo del conjunto de datos.

Perú es uno de los mayores productores de pesca de captura del mundo

En 2022, Perú produjo 5,5 millones de toneladas (Mt) de pescado, por un valor de 2 978 millones de USD, combinando la producción de la pesca de captura marina y de la acuicultura. Esta cifra representa el 3 % de la producción mundial total de la pesca y la acuicultura. Entre 2012 y 2022, la producción pesquera total aumentó un 12 % en términos de volumen, pero disminuyó un 18 % en términos de valor.

La producción pesquera en Perú se compone en su gran mayoría de desembarques marinos procedentes de la pesca de captura a lo largo de la costa del Pacífico, que representa un 97,4 % del volumen y un 84,8 % del valor. La acuicultura constituye un sector en expansión con un volumen del 2,5 % y un valor del 15 %, y tiene lugar fundamentalmente en zonas continentales. En 2022, Perú fue el cuarto productor más grande de pesca de captura marina del mundo, con un 5,8 % de toda la producción de pesca de captura marina a nivel global. De esta forma, Perú habría sido el mayor productor de pesca de captura marina entre los miembros de la OCDE en términos de volumen de desembarques y el sexto productor más grande a efectos de valor.

El sector pesquero de Perú depende en gran medida de la anchoveta peruana (*Engraulis ringens*, en adelante, «anchoveta»), que representa el 77 % del total de desembarques pesqueros del país (en términos de volumen) y constituye la base de la industria de la harina y el aceite de pescado. La sigue el calamar gigante (*Dosidicus gigas*), con un porcentaje del 8,5 %, y el jurel chileno (*Trachurus murphyi*), con una proporción del 3,1 % (cuadro 1).

Cuadro 1. Desembarques de las principales especies en 2022 (toneladas)

Especies	Desembarques en 2022 (toneladas)	Porcentaje de los desembarques totales
Anchoveta (*Engraulis ringens*)	4 118 122	76,7
Calamar gigante (*Dosidicus gigas*)	457 364	8,5
Jurel chileno (*Trachurus murphyi*)	167 297	3,1
Caballa del Pacífico (*Scomber japonicus*)	90 515	1,6
Bonito del Pacífico oriental (*Sarda chiliensis*)	87 582	1,6

Nota: Las cinco especies principales de los desembarques marinos
Fuentes: FAO (2023), Fishery and Aquaculture Statistics. Global capture production 1950-2020 (FishStatJ): https://www.fao.org/fishery/en/statistics/software/fishstatj, OECD (2024), Marine landings (OECD.Stat), http://stats.oecd.org/wbos/default.aspx?datasetcode=FISH_LAND

En 2022, la flota peruana de pesca marítima constaba de un total de 18 163 buques. La mayoría de ellos (14 142, es decir, el 78 % de la flota) tenían una eslora total inferior a 12 metros (m). En el último decenio, la flota total ha crecido de forma significativa, con un aumento del 152 % entre 2012, cuando había 7192 buques registrados, y 2022, cuando había 18 163 buques registrados. Los buques con una eslora total inferior a 12 m constituyen la categoría que más ha crecido (un 175 %), seguidos de los buques de la categoría de entre 12 y 24 m (un 124 %). Cabe destacar que gran parte de este «crecimiento» se debe a la formalización de los buques pesqueros informales, por lo que no se corresponde con un incremento real del número de embarcaciones.

La acuicultura representa una parte pequeña de la producción, pero es una esfera clave para el crecimiento futuro.

En 2022, la producción total de la acuicultura en Perú fue de 140 930 t, lo que constituye una proporción mínima de la producción pesquera nacional (2,6 %), pero representa un aumento del 95 % desde 2012, cuando ascendía a 72 292 t. Sin embargo, en términos de valor, la producción acuícola fue de 453 millones de USD en 2022, lo que supuso un descenso del 4 % con respecto a los 472 millones de USD alcanzados en 2012. En promedio, la producción acuícola de los países miembros de la OCDE creció con mayor lentitud en términos de volumen (un 30 %), pero aumentó de manera considerable en lo que al valor se refiere (un 47 %) durante el mismo período. En 2022, Perú habría sido el 14.º productor acuícola más grande de los países miembros de la OCDE a efectos de volumen y el 16.º en términos de valor. Fue el octavo productor acuícola más grande en términos de volumen en las Américas, al representar un 3,3 % de la producción total ese mismo año (FAO, 2022[1]).

El 97 % de la producción acuícola peruana en términos de volumen se corresponde con cuatro especies: la trucha arcoíris (*Oncorhynchus mykiss*), que representa el 44 % de la producción total; el camarón patiblanco (*Litopenaeus vannamei*), que representa el 32 %; el ostión (*Argopecten purpuratus*, también conocido como concha de abanico), que representa el 19 %; y la tilapia (*Oreochromis spp.*), que representa alrededor de un 2 %. La actividad acuícola en 2022 se concentró en las regiones de Puno (continental), Tumbes (marina) y Piura (marina), las cuales, en conjunto, representaron el 75 % de la producción.

En 2022, se concedieron un total de 13 048 derechos acuícolas en Perú, los cuales engloban desde productores acuícolas en pequeña escala hasta grandes productores de la acuicultura. En general, la acuicultura continental consta de un mayor número de pequeños productores, con 10 191 productores en un área de 6278 hectáreas (ha). La acuicultura marina comprende menos productores (503), pero de mayor tamaño (24 434 ha).

El sector acuícola peruano posee un importante potencial gracias al vasto litoral del país, los amplios recursos de agua dulce y la rica diversidad biológica. Dado el potencial de la acuicultura como fuente de ingresos, empleo y alimentos nutritivos, en 2015 se declaró sector de interés nacional (véase la exposición siguiente sobre las políticas acuícolas).

El comercio de productos pesqueros está creciendo y la mitad de él es comercio de harinas y aceites de pescado basados en la anchoveta.

Perú es un exportador neto de productos pesqueros. En 2022, las exportaciones totales ascendieron a 3 947 millones y a un volumen de 1,8 Mt. El valor de las exportaciones de productos pesqueros creció de manera constante, con un aumento del 18,6 % entre 2012 y 2022. Una gran parte de los ingresos de exportación proceden de la venta de harina de pescado (el 44 % de las exportaciones totales en términos de valor) y aceite de pescado (el 5,4 % de las exportaciones en términos de valor) y, por consiguiente, indirectamente de la pesca de anchoveta. La exportación de productos pesqueros para el consumo humano directo representó el 36 % del valor total, siendo el calamar gigante el producto de mayor importancia, con un 15 % del valor total de exportación. A esta la siguen el dorado y el pez volador. En la categoría de consumo humano directo, más de dos tercios de las exportaciones fueron de productos pesqueros congelados, encabezados por los productos de calamar gigante y camarón, seguidos de los productos en conserva, que representan una parte cada vez mayor de las exportaciones totales.

La producción pesquera es un importante empleador, pero, al igual que en otros sectores económicos, la informalidad sigue siendo un problema.

En 2022, 128 011 personas trabajaban en el sector de la pesca y la acuicultura en Perú. Las actividades pesqueras, tanto la pesca de captura en el mar como en aguas interiores, representaron la mayor parte del empleo con 78 775 pescadores (un 61,5 %), seguidas del procesamiento (un 29,6 %), con 37 970 empleos, y la acuicultura (un 8,8 %), con 11 266. Según una encuesta sobre la pesca de captura marina artesanal, más del 95 % del empleo total peruano en actividades pesqueras en 2022 fue en el sector artesanal (IMARPE, 2024[2]). En Perú, la informalidad prevalece en todos los sectores económicos, con una tasa estimada general del 77 % en 2021, aunque es especialmente elevada en la pesca (con un 90 % de informalidad) y la agricultura (con más de un 95 %) (OECD, 2023[3]).

El sistema de gobernanza de la pesca en Perú depende del Ministerio de la Producción y de la Ley General de Pesca

En Perú, el Ministerio de la Producción (en adelante, PRODUCE) es la institución competente en lo que a políticas de pesca y acuicultura se refiere. Posee competencia exclusiva sobre la ordenación de la pesca de captura y la acuicultura en mediana y gran escala. PRODUCE recibe el respaldo de un organismo público de ejecución, el Fondo Nacional de Desarrollo Pesquero, y de tres organismos técnicos independientes de carácter especializado, el Instituto del Mar del Perú (IMARPE), la Autoridad Nacional de Sanidad e Inocuidad en Pesca y Acuicultura, y el Instituto Tecnológico de la Producción.

En Perú, la Ley General de Pesca y su Reglamento (Decreto Supremo núm. 012-2001-PE) establecen los marcos jurídicos generales para la pesca en el plano nacional. La Ley General de Pesca se modificó en tres ocasiones, en 2008, en 2018 y, más recientemente, en 2023, con el fin de reconocer la pesca tradicional ancestral y la pesca tradicional artesanal, y de promover su conservación dentro de las 5 primeras millas náuticas. La Ley General de Pesca está respaldada por los Reglamentos de Ordenamiento Pesquero (ROP), normativas específicas para diferentes especies, grupos de especies de interés comercial o regiones concretas.

También hay otras instituciones nacionales que participan en la gobernanza del sector, a través de mecanismos de coordinación horizontal (cuadro 2). Los mecanismos institucionales en vigor parecen posibilitar una coordinación, una consulta y una toma de decisiones eficaces en materia de pesca. Uno de los principales mecanismos de coordinación horizontal entre PRODUCE y las demás instituciones nacionales es la Comisión de Coordinación Viceministerial, dependiente del Consejo de Ministros, que mejora el diálogo, facilita la toma de decisiones y permite la creación colectiva de proyectos de leyes multisectoriales. De manera similar, PRODUCE colabora con otras instituciones con el fin de lograr de manera conjunta la aplicación eficaz de las políticas pesqueras, aportando así coherencia, previsibilidad y legitimidad a las políticas sectoriales. En particular, PRODUCE dispone de instrumentos jurídicos que ponen en práctica mecanismos para el intercambio de información y la presentación de informes periódicos dentro de las instituciones pertinentes.

Cuadro 2. Coordinación y funciones institucionales con relación al Ministerio de Pesquería

Instituciones	Funciones
Ministerio de Educación	Responsable de la política de educación al consumidor orientada a incrementar el consumo de productos pesqueros per cápita.
Ministerio de Defensa: Dirección General de Capitanías y Guardacostas.	Responsable del registro, la inspección y el control de los pescadores y las embarcaciones pesqueras, y la capacitación del personal embarcado. Autorización de los propietarios de embarcaciones con permisos válidos y recogidos en el registro de buques autorizados para navegar. El Ministerio tiene la responsabilidad de controlar y proteger los recursos marinos, además de salvaguardar la seguridad de la vida humana en el mar y proteger el medio marino.
Ministerio de Agricultura	Responsable de la autorización del uso de masas de agua para actividades acuícolas y pesqueras, y de la conservación de la flora y la fauna.
Ministerio de Trabajo y Promoción Social	Responsable del régimen laboral de los pescadores (en coordinación con el Ministerio de Defensa)
Ministerio del Interior	Contribuye al control y a la protección de los recursos marinos, con sujeción a las medidas de ordenación impuestas por el Ministerio de la Producción, en esferas donde PRODUCE no disponga de medios para realizar dichas funciones.
Ministerio de Relaciones Exteriores	Responsable de coordinar los acuerdos y convenios pesqueros con organizaciones y organismos internacionales, multinacionales e intergubernamentales.
Ministerios, municipalidades y otros organismos competentes	Prevención y control de la contaminación ambiental producida por las actividades pesqueras.

Nota: Información de la Ley General de Pesca, título X (Government of Peru, 1992[4]), y el Reglamento de la Ley General de Pesca (Government of Peru, 2001[5])

Los gobiernos regionales son en parte responsables de la aplicación de las políticas, pero se enfrentan a dificultades derivadas de las limitadas capacidades

Los gobiernos regionales realizan tareas ligadas a la aplicación de las políticas pesqueras y acuícolas, como la concesión de autorizaciones y permisos pesqueros para la pesca artesanal y de subsistencia, y la supervisión y el seguimiento de las actividades pesqueras, incluida la reunión de datos. Sin embargo, los gobiernos regionales se enfrentan a importantes dificultades, esencialmente relacionadas con la falta de recursos financieros y humanos, lo que obstaculiza su capacidad de llevar a cabo de manera eficaz las tareas que están bajo su responsabilidad. En especial, cuentan con una capacidad administrativa limitada, ya que carecen de recursos humanos especializados con conocimientos técnicos sobre la reglamentación y la ordenación pesqueras. Todo esto debilita la aplicación del marco jurídico (Paredes et al., 2024[6]; World Bank, 2021[7]). Cabe destacar que existen deficiencias significativas en la presentación de informes a PRODUCE y en el uso de herramientas tecnológicas para las actividades de seguimiento, control y vigilancia (SCV).

Existen mecanismos eficaces para la participación pública en el proceso de formulación de políticas, pero la colaboración en las regiones remotas presenta dificultades

Perú cuenta con un marco jurídico bien desarrollado para regular y fomentar la participación de las partes interesadas en la Administración pública, lo que pone de relieve que el marco de políticas reglamentarias del país se ajusta a las mejores políticas y prácticas de la OCDE en la materia. Perú regula los mecanismos de participación ciudadana a través de la Ley de Transparencia y Acceso a la Información Pública (Ley núm. 27806 de 2003) y su Reglamento, en particular el Decreto 009-2024-JUS, recientemente actualizado, que establece disposiciones relativas a la publicidad, la publicación de proyectos normativos y la difusión de normas legales de carácter general.

En las «mesas ejecutivas sectoriales», un mecanismo para el diálogo público-privado creado en 2015, los principales funcionarios estatales de los diferentes sectores se reúnen de forma periódica con los representantes clave del sector privado, acreditados por sus respectivas organizaciones de productores. Estas mesas ejecutivas, coordinadas por el Ministerio de Economía y Finanzas, tienen por objeto aumentar la productividad, abordar las dificultades y los cuellos de botella, y debatir las reglamentaciones propuestas para los sectores. Existen mesas ejecutivas específicas para los sectores de la pesca y la acuicultura, que reúnen a productores (industriales y artesanales), instituciones académicas y diferentes entidades gubernamentales competentes, como PRODUCE.

La gran mayoría de la producción de la pesca de captura de Perú proviene de poblaciones sanas y productivas

Perú evalúa de manera regular 30 poblaciones de peces, de las cuales la gran mayoría (el 97 %) se encuentran por encima de los límites de la sostenibilidad biológica y en niveles que permiten maximizar la productividad (el 73 %). En particular, las cinco especies principales en términos de volumen, que representan el 91,5 % de los desembarques, son sostenibles y se encuentran en niveles que permiten maximizar la productividad.

Estos datos están muy por encima de lo que sucede en promedio en la OCDE (un 64 % de poblaciones sanas y un 32 % de poblaciones productivas). De las 30 poblaciones evaluadas, 9 se consideran lo suficientemente importantes desde el punto de vista comercial para contemplarse en los ROP (véase el presente documento más adelante para obtener información adicional) y cuentan con metas de ordenación fijas. Esas nueve poblaciones están sanas y se encuentran en niveles que permiten maximizar la productividad (p. ej., rendimiento máximo sostenible (MSY)). De las 21 poblaciones evaluadas que no están contempladas en los ROP, 7 no cumplen las metas de productividad. Sobre la base de las pruebas disponibles, los recursos pesqueros de Perú son, en líneas generales, más sanos que el promedio de la OCDE.

Perú evalúa la mayoría de las poblaciones de peces todos los años, y es el IMARPE quien se encarga de llevar a cabo dichas evaluaciones. Estas determinan el estado de explotación de las poblaciones en función de la actividad pesquera (captura por unidad de esfuerzo y captura total por flota), los indicadores de la eficacia biológica (biomasa y biomasa de población reproductora) y la variabilidad ambiental. La pesca se puede clasificar en seis categorías distintas, las cuales determinan la estrategia de ordenación que se puede aplicar en términos generales. Por ejemplo, la mayoría (el 76 %) de las poblaciones de peces evaluadas se clasifican como plenamente explotadas, de modo que está prohibido aumentar la capacidad de esa pesca.

Perú aplica un sistema de ordenación dinámico y adaptable para la anchoveta, y las cuotas individuales por embarcación mejoran la eficiencia económica de la pesquería

Las poblaciones de anchoveta peruana han sido objeto de límites de capturas totales permisibles (CTP) desde que se aprobó la Ley General de Pesca en 1992. Desde 2009, la CTP se ha subdividido a su vez entre las cuotas individuales por embarcación (Decreto núm. 1084). Se utilizan dos ecuaciones para la asignación de las cuotas iniciales a los buques, una de ellas para la flota industrial con casco de acero y la otra para la flota con casco de madera en pequeña escala, que se conoce como «flota vikinga». Existe una transferibilidad limitada de las cuotas entre diferentes embarcaciones en virtud del sistema de cuotas individuales por embarcación. Por lo tanto, su introducción dio lugar a cierta consolidación de la flota, a una ampliación de las temporadas de pesca (ralentizando la «carrera por conseguir el pescado»), a un aumento de la calidad del pescado desembarcado y al correspondiente incremento de los precios en muelle de la anchoveta, repercusiones que se consideran todas positivas.

La ordenación de la población norcentral de anchoveta, que representa el ~90 % de los desembarques de esa clase de pescado, se basa en dos principios básicos: en primer lugar, la biomasa de la población debe permanecer por encima de las 5 Mt y, en segundo lugar, la tasa de explotación debe mantenerse por debajo de un 0,35[1]. En principio, las temporadas de pesca de la población norcentral comprende de abril a junio y de noviembre a enero, con vedas durante las principales estaciones de desove. Sin embargo, debido a la sensibilidad de la población tanto a la presión de la pesca como a las variables ambientales, es necesario un sistema de ordenación adaptable que responda a los cambios en las condiciones de la población a medida que se produzcan a fin de evitar la sobreexplotación. Para abordar este problema, Perú ha implantado un sistema de seguimiento casi en tiempo real que se emplea para fundamentar las decisiones en torno a los volúmenes de captura total permisible (CTP) y las vedas dinámicas y espaciales de la temporada de pesca. Este sistema se basa en datos de diferentes fuentes para estimar el estado de la población, por ejemplo, sondeos hidroacústicos llevados a cabo por el IMARPE, estudios de investigación realizados regularmente en el mar, datos obtenidos por teledetección y otros datos procedentes directamente de los pescadores.

Muchos tipos de pesca artesanal están sujetos a una ordenación con fundamento científico, pero la pesca informal y la construcción y alteración ilegales de buques pesqueros socavan su eficacia

La ordenación de los recursos pesqueros distintos de la anchoveta en Perú trata de mantener las poblaciones en unos niveles que permitan maximizar la producción dentro de los límites de la sostenibilidad, es decir, el MSY. En general, la pesca se gestiona mediante una combinación de controles de los insumos y los productos fijados por PRODUCE a través de los ROP. Actualmente, existen 13 ROP activos,

- 8 de los cuales se centran en determinadas especies comerciales: atún y especies afines, y anchoveta para el consumo humano directo (*Engraulis ringens* y *Anchoa nasus*), jurel (*Trachurus murphy*), caballa (*Scomber japonicus peruanus*), merluza peruana (*Merluccius gayi*), anguila serpiente punteada (*Ophichthus remiger*), calamar gigante (*Dosidicus gigas*), dorado (*Coryphaena hippurus*) y bacalao de profundidad (*Dissostichus eleginoides*).
- Los cinco ROP restantes están diseñados de manera espacial o engloban la pesca de múltiples especies: peces de la Amazonía peruana, región de Tumbes, cuenca del lago Titicaca, macroalgas e invertebrados marinos bentónicos.

No obstante, la pesca informal, impulsada por la construcción y la alteración ilegales de buques pesqueros, socava en ocasiones la ordenación de la pesca artesanal. El desarrollo descontrolado de la flota de pesca artesanal ha causado una sobrecapitalización en algunas zonas, dando lugar a una ineficiencia económica y a una reducción de la rentabilidad del sector, lo que puede afectar al bienestar de los propios pescadores (PRODUCE, 2024[8]). Además, la existencia de una flota informal significativa puede minar la ordenación pesquera y las evaluaciones de las poblaciones, ya que implica que el esfuerzo de pesca real puede ser mayor del registrado. Esto no solo ejerce presión sobre los recursos, sino que también socava las hipótesis en las que se basa la evaluación de las poblaciones y la ordenación con fundamento científico. Dado que estas embarcaciones no se recogen en los registros oficiales de PRODUCE, no están sujetas a la misma supervisión que los pescadores legítimos, lo que da lugar a una competencia desleal y a unas oportunidades reducidas que socavan la sostenibilidad social y económica del sector.

El apoyo gubernamental a la pesca en Perú es relativamente elevado en términos absolutos, pero de menor intensidad que el promedio de la OCDE

Perú destinó, de media, 97 millones de USD al año a apoyar la pesca durante el período comprendido entre 2020 y 2022. Por lo tanto, Perú habría sido el décimo de los países miembros de la OCDE que más apoyo prestó a la pesca durante ese período. Sin embargo, la intensidad del apoyo a la pesca en Perú es considerablemente menor que el promedio de la intensidad de la OCDE cuando se mide en relación con el valor de los desembarques, el empleo y el tamaño de la flota. Fue relativamente baja en términos de valor de los desembarques, con un 4 % de dicho valor (promedio entre 2020 y 2022), frente al 15,2 % que se registró en la OCDE en ese mismo período. En lo que respecta al empleo, el apoyo de Perú fue de 1215 USD por pescador, una cifra que es menos de un cuarto del promedio de la OCDE, de 5 722 USD por pescador. Con relación a la capacidad de la flota, Perú proporcionó 206 USD/AB (arqueo bruto), una cifra inferior al promedio de la OCDE, de 703 USD/AB (cuadro 3).

Cuadro 3. Apoyo al sector pesquero (promedio anual entre 2020 y 2022)

	Apoyo estimado a la pesca como porcentaje del valor de los desembarques	USD por pescador	USD por arqueo bruto	Tipo de apoyo principal
Países de la OCDE	15,2 %	5 722	703	OSCV
Perú	4 %	1 215	206	OSCV

Fuente: Datos de la OCDE: OECD (2024), Fisheries Support Estimate (FSE) https://www.oecd.org/en/topics/fisheries-subsidies.html. Los datos sobre Perú los facilitó el Ministerio de la Producción del país.

El apoyo a la ordenación, el seguimiento, el control y la vigilancia es la principal categoría de apoyo y ha crecido de manera significativa desde 2012

En el período comprendido entre 2020 y 2022, los principales tipos de apoyo al sector pesquero de Perú fueron el gasto destinado a la ordenación, el seguimiento, el control y la vigilancia (OSCV) (que representa un 43 % de todo el apoyo), seguido de las ayudas a los ingresos (un 33 %) y el apoyo a la infraestructura (un 16 %). Perú no declaró ninguna ayuda al combustible, ni específicas ni de otra índole. La composición del apoyo de Perú es, de hecho, similar a la combinación de políticas que se observa a nivel de la OCDE en su conjunto, con la notable excepción de las ayudas a los ingresos, que duplican con creces el promedio del 16 % de la OCDE.

El apoyo para labores de OSCV comprende tanto ayudas a las actividades de SCV como a las investigaciones de evaluación de las poblaciones. Ha habido un incremento considerable del gasto peruano en OSCV desde 2010-2012, y la mayor parte de dicho incremento se destinó a la financiación de las evaluaciones de las poblaciones y a las actividades de SCV. El apoyo a las actividades de OSCV aumentó un 135 % desde 2010-2012, cuando ascendía a 17,7 millones de USD. No obstante, la intensidad del apoyo a dichas actividades fue de 88 USD/AB, una cifra considerablemente inferior al promedio de la OCDE, de 271 USD/AB.

Algo más de la mitad de todo el apoyo a la pesca de Perú entraña el riesgo de promover una pesca no sostenible en ausencia de una ordenación eficaz

Algo más de la mitad del apoyo a la pesca en Perú (el 51 %) conllevó el riesgo de fomentar la sobrepesca y la pesca ilegal, no declarada y no reglamentada (INDNR) en ausencia de una ordenación eficaz entre 2020 y 2022 (habiendo un 2 % que supuso un riesgo elevado y un 49 % que supuso un riesgo moderado en ese sentido). Esta situación es, en líneas generales, similar a la del conjunto de la OCDE, aunque con una proporción mayor de apoyo con un riesgo moderado; la cifra correspondiente a la OCDE en ese mismo período fue de un 42 % del apoyo ligado a un riesgo de pesca no sostenible (un 8 % de riesgo elevado y un 34 % de riesgo moderado). El apoyo con un riesgo moderado se corresponde íntegramente con ayudas a los ingresos y a la construcción y modernización de infraestructuras. El apoyo con un riesgo elevado en Perú se destina a la modernización de buques y la compra de artes de pesca. Cabe destacar que Perú no declaró haber concedido ayudas gubernamentales al combustible ningún año y, de hecho, aplica un impuesto especial al diésel y otros combustibles utilizados para la navegación marítima.

El contexto en el que se presta el apoyo reviste especial relevancia para entender la medida en que puede dar lugar a una sobrepesca en la práctica. Por ejemplo, si la ordenación puede limitar de forma eficaz cualquier capacidad o esfuerzo adicional, si los recursos pesqueros se encuentran infraexplotados o si el apoyo está dirigido a un grupo de pescadores, entonces es menos probable que las políticas de riesgo elevado y moderado conduzcan a una sobrepesca (OECD, 2025[9]). En Perú, las principales poblaciones comerciales están sanas y son productivas, su estado se evalúa con regularidad y su ordenación se basa en CTP y controles de insumos. En el caso de la anchoveta, los sistemas de SCV posiblemente mitigan gran parte de los riesgos (aunque no todos) asociados a la combinación de políticas de apoyo a la pesca.

Perú cuenta con un marco jurídico integral para el seguimiento, el control y la vigilancia de las actividades pesqueras, y realiza un seguimiento electrónico tanto de las flotas industriales como en pequeña escala

La Ley General de Pesca es el principal instrumento jurídico por el que se rige la actividad pesquera en Perú, incluidos todos los aspectos de SCV y la lucha contra la pesca INDNR y las actividades relacionadas con la pesca. La Ley General de Pesca se aplica a través del Decreto Supremo 012-2001, el cual, en el título VIII, desarrolla las directrices jurídicas relativas al seguimiento, el control y la vigilancia en el sector pesquero, y existen distintos instrumentos jurídicos derivados que lo complementan. En conjunto, forman un paquete integral que engloba las responsabilidades de Perú en cada una de sus funciones en calidad de Estado del pabellón, Estado ribereño, Estado rector del puerto y Estado del mercado (FAO, 2001[10]). Según la Ley General de Pesca, PRODUCE es el organismo responsable de las labores de SCV de las actividades pesqueras y debe coordinarse con los demás ministerios y organismos para aplicar correctamente el marco jurídico de la pesca. Las medidas de SCV y las intervenciones en el mar contra la pesca INDNR se llevan a cabo de manera conjunta con la Dirección General de Capitanías y Guardacostas (DICAPI).

En particular, Perú cuenta con dos sistemas de seguimiento de los buques pesqueros:

- El Sistema de Seguimiento Satelital de Embarcaciones Pesqueras (SISESAT) posibilita las labores de SCV de las actividades pesqueras en la zona económica exclusiva (ZEE) de Perú. Consiste en una señal GPS que emiten de forma automática y en intervalos establecidos las embarcaciones pesqueras; dicha señal incluye la fecha y la hora de la posición, el ID del transmisor, las coordenadas, la velocidad y la trayectoria del buque pesquero. Es obligatorio que los buques pesqueros industriales en gran escala que pescan en la ZEE utilicen el SISESAT, independientemente de si tienen pabellón nacional o extranjero. En 2024, PRODUCE hizo que la instalación de los equipos del SISESAT fuese obligatoria para todas las embarcaciones extranjeras dedicadas a la captura de recursos pesqueros transzonales o transfronterizos, o que trataran de acceder a puertos peruanos para actividades de reparación, cambio de tribulación o suministros, por ejemplo. Además, en febrero de 2025, PRODUCE aprobó un nuevo Decreto

Supremo (001-2025) que exige la instalación del SISESAT en las embarcaciones pesqueras artesanales antes de 2026.

- El Sistema de Identificación y Monitoreo del Tráfico Acuático (SIMTRAC) es un sistema de posicionamiento automático de embarcaciones de carácter obligatorio que se creó para determinar la posición y las operaciones de los buques, lo que engloba la navegación, el acceso, la estancia y la salida de las embarcaciones situadas en los puertos, los fondeaderos y las aguas de jurisdicción nacional.

Perú aplica unos procesos integrales de registro y autorización, pero la informalidad del sector y los buques de pabellón extranjero continúan planteando dificultades para las actividades de seguimiento, control y vigilancia

Perú dispone de sistemas de registro y autorización de carácter integral en funcionamiento, los cuales engloban todos los operadores y buques pesqueros industriales, además de la pesca artesanal. Pese a ello, la informalidad continúa siendo una dificultad importante en el segmento de la pesca artesanal, en especial en las comunidades costeras remotas, pero también en los segmentos más desarrollados del sector pesquero. Perú cuenta con un registro de embarcaciones disponible para su consulta pública en el sitio web de la DICAPI, en cumplimiento de sus obligaciones en calidad de Estado del pabellón. En él, está disponible una lista de los buques pesqueros con licencias de navegación vigentes, tanto embarcaciones peruanas como embarcaciones de pabellón extranjero. Proporciona información pormenorizada sobre el nombre de la embarcación y los números de la Organización Marítima Internacional y de licencia, entre otros. Perú también dispone de un registro exhaustivo de los buques pesqueros administrados por PRODUCE. El registro, de acceso público, contiene información pormenorizada sobre las características de la embarcación, el número de licencia, el propietario del buque, las autorizaciones pesqueras y cualquier sanción o procedimiento administrativo, entre otros datos.

Una de las esferas prioritarias señaladas por las autoridades peruanas y los pescadores industriales y artesanales se corresponde con el control y el cumplimiento de la ley de las flotas extranjeras. En los últimos años, PRODUCE, en colaboración con las instituciones pertinentes, ha actualizado y modernizado el marco jurídico de control de las actividades de las embarcaciones de pabellón extranjero que operan en aguas peruanas y, en su caso, en aguas internacionales. Pese a este sólido marco jurídico, existen importantes dificultades para el control de las flotas pesqueras extranjeras, y las instituciones gubernamentales, los pescadores industriales y artesanales y otras partes interesadas han detectado prácticas INDNR, en especial en las áreas de la ZEE peruana adyacentes a alta mar, que son más difíciles de controlar (Gozzer-Wuest, Alonso-Población and Tingley, 2021[11]; Paredes et al., 2024[12]). Cabe destacar que gran parte de la actividad INDNR afecta a la pesca de calamar gigante, que es sumamente importante para los pescadores artesanales de Perú

Perú aplica las disposiciones del Acuerdo sobre Medidas del Estado Rector del Puerto y posee un régimen integral de sanciones para combatir la pesca ilegal, no declarada y no reglamentada

Perú cuenta con medidas para el control portuario de los buques pesqueros, encaminadas a prevenir, desalentar y eliminar la pesca INDNR. El principal fundamento jurídico de esas medidas es la Ley General de Pesca y su Reglamento, así como el Acuerdo sobre Medidas del Estado Rector del Puerto (AMERP). Perú ratificó el AMERP en septiembre de 2017, que entró en vigor en octubre de ese mismo año. Como parte de la aplicación, Perú ha facilitado los puntos de contacto pertinentes y proporciona información al Registro mundial de buques de pesca, transporte refrigerado y suministro y al Sistema mundial de intercambio de información, ambos de la Organización para la Alimentación y la Agricultura (FAO). Asimismo, Perú está adoptando de manera gradual un enfoque de gestión de riesgos para la inspección de los buques que se aplica antes de la llegada a puerto de las embarcaciones a fin de mejorar la eficiencia.

La Ley General de Pesca y los instrumentos para su ejecución describen las prácticas y actuaciones prohibidas en el contexto de las actividades pesqueras y, en menor medida, de las actividades relacionadas con la pesca; en particular, contemplan más de 135 delitos, incluidas las actividades de transbordos no autorizados. La Ley General de Pesca también sienta las bases generales del régimen de sanciones. Todos los delitos (ya sean por acción u omisión) son sancionados de manera administrativa por la Dirección General de Supervisión, Fiscalización y Control o las direcciones regionales de la producción, sin perjuicio de las posibles acciones civiles o penales que puedan ser aplicables. Las violaciones de las leyes pesqueras se sancionan con multas, suspensiones, confiscaciones o cancelaciones de las autorizaciones, las licencias, las concesiones o los permisos. Después, si se determina que el caso constituye un delito, se deriva también a la Fiscalía General y a otras instancias competentes.

Sin embargo, estas iniciativas se han visto enturbiadas por diferentes decisiones políticas que conceden la amnistía o el indulto a los infractores y cancelan o reducen de manera significativa el pago de multas por parte de dichos infractores, ya sean personas físicas o jurídicas. Más recientemente, en julio de 2024, PRODUCE concedió una reducción del 80 % en el pago de multas. Estas y otras exoneraciones anteriores estuvieron motivadas por los efectos adversos de fenómenos climáticos o crisis económicas (incluida la pandemia de COVID-19), y además pusieron de manifiesto la limitada capacidad administrativa del Gobierno a la hora de recuperar realmente las sanciones monetarias pendientes en muchos casos.

Las políticas acuícolas tratan de desbloquear el potencial de producción al simplificar la reglamentación y la planificación de la adaptación al cambio climático. PRODUCE es el órgano rector responsable de la planificación, la reglamentación y la puesta en práctica de las actividades acuícolas en el plano nacional. También es el responsable de la inspección, el control, la evaluación y la supervisión de dichas actividades. Como institución encargada de formular la política nacional en materia de acuicultura, coordina y ayuda a otras instituciones dedicadas a la producción acuícola.

El Sistema Nacional de Acuicultura se creó por medio de la Ley General de Acuicultura como órgano intergubernamental que integra los principios, procedimientos e instrumentos de la administración, la gestión y el desarrollo de la acuicultura en diferentes niveles gubernamentales. El propósito del sistema es coordinar, supervisar, evaluar y garantizar la aplicación y el cumplimiento en todo el país de la política pública en materia de acuicultura. Reúne a 12 instituciones del plano nacional, además de entidades pertinentes de los gobiernos regionales y centros de investigación. Como en el caso de la pesca marítima, los gobiernos regionales también desempeñan una función importante en el desarrollo de las actividades acuícolas a lo largo del país. Desde el punto de vista administrativo, los gobiernos regionales, junto con PRODUCE, tienen la responsabilidad de otorgar las nuevas concesiones y autorizaciones, así como de renovar esos derechos.

La cantidad de instituciones implicadas en la reglamentación de la acuicultura puede suponer un problema para los productores. Para solventarlo, se creó en 2015 la Ventanilla Única de Acuicultura (VUA)[2]. Se trata de un sistema electrónico integrado a través del cual las personas físicas y jurídicas que se dedican a actividades acuícolas pueden presentar solicitudes y gestionar los requisitos y procedimientos administrativos (Government of Peru, 2024[13])[3].

La VUA se creó con el fin de mejorar la coordinación interinstitucional y promover la simplificación administrativa en beneficio de los productores acuícolas. Uno de sus resultados principales fue la normalización de los requisitos y procedimientos administrativos en todos los gobiernos regionales, que hasta entonces presentaban amplias diferencias. Sin embargo, todavía existen algunos problemas administrativos y el Gobierno se ha comprometido a poner en práctica para diciembre de 2026 la versión 2.0 de la Ventanilla Única de Acuicultura (VUA 2.0).

El Gobierno ha adoptado un plan estratégico a largo plazo para abordar las múltiples dificultades a las que se enfrenta el sector, incluido el cambio climático

Las instituciones gubernamentales y otras partes interesadas han señalado el cambio climático como uno de los desafíos más acuciantes de la acuicultura peruana. De hecho, Perú presenta una exposición y una vulnerabilidad a los peligros naturales mayores que muchos otros países debido a la elevada frecuencia de los peligros y la concentración espacial de la población y la actividad económica en zonas de alto riesgo (Ministry of Production, 2023[14]; Paredes et al., 2024[12]; Interviews in the context of the Review, 2024[15]; World Bank, 2022[16]).

En este contexto, Perú estableció la Estrategia Nacional ante el Cambio Climático al 2050 y el Plan Nacional de Adaptación al Cambio Climático 2021-2030, los cuales crearon los marcos institucional y jurídico destinados a abordar los retos ligados al cambio climático y reducir los riesgos y la vulnerabilidad asociados a dicho fenómeno. En concreto, el sector acuícola se incluyó como esfera prioritaria en el Plan Nacional de Adaptación al Cambio Climático (Resolución Ministerial núm. 096-2021-MINAM).

No obstante, las políticas acuícolas y ambientales podrían ser más eficaces si se aplicasen de una forma coordinada. Se necesita un diálogo abierto entre las entidades gubernamentales, las instituciones especializadas, los productores y otras partes interesadas pertinentes para que la adaptación sea eficaz, para lograr los compromisos de Perú en virtud de los distintos acuerdos internacionales y, el aspecto más importante, para promover el diseño y la aplicación de políticas que garanticen el crecimiento sostenible en el futuro de la acuicultura en entornos continentales y marinos (OECD/ECLAC, 2017[17]; World Bank, 2022[16]).

Conclusiones y recomendaciones

Los marcos de políticas con los que cuenta Perú para gestionar los sectores de la pesca y la acuicultura salen ganando al compararlos con los de los países miembros de la OCDE. La ordenación con fundamento científico de los recursos pesqueros ha dado lugar a una base de recursos sana y productiva. En particular, en el caso de la anchoveta, los sistemas de gestión son de primera categoría y dan ejemplo sobre cómo aplicar un enfoque de ordenación dinámico y adaptable hacia la pesquería. Los sistemas electrónicos de seguimiento se encuentran ampliamente implantados y se está trabajando para extenderlos a la pesca artesanal, al tiempo que la coordinación institucional en el plano nacional parece funcionar de forma eficaz. Pese a ello, también existen dificultades importantes. En concreto, la informalidad, que es un problema más amplio que se extiende a lo largo de toda la economía peruana, plantea dificultades a la hora de gestionar el sector a todos los niveles. Las iniciativas que lleva a cabo PRODUCE para atajar el problema se deben integrar en un enfoque más amplio que implique al conjunto del gobierno. Además, la coordinación vertical y el déficit de capacidad en los gobiernos regionales y locales han obstaculizado sus funciones de SCV en la pesca y de desarrollo de la acuicultura.

Las recomendaciones del Comité de Pesca para seguir ajustando las políticas y prácticas de Perú a las de las OCDE son las siguientes:

Gobernanza pesquera

- Fortalecer la colaboración vertical para garantizar una coordinación eficaz con los gobiernos regionales y locales en materia de pesca, con esfuerzos específicos por asegurar una delegación de responsabilidades efectiva y clara entre las instituciones.
- Mejorar las iniciativas encaminadas a velar por que las comunidades costeras y continentales (sobre todo en la región de la Amazonía) estén informadas de los últimos avances en las políticas pesqueras y participen de manera activa en el proceso de formulación de políticas cuando sea necesario, a fin de facilitar la aplicación de estas.

Ordenación pesquera

- Ampliar las inversiones en evaluaciones de las poblaciones y reunión de datos de la pesca artesanal, en particular ampliando los esfuerzos a especies que no estén contempladas en estos momentos en los planes de ordenación pesquera y, cuando sea necesario, poner en práctica nuevos planes de ordenación para subsanar las deficiencias de reglamentación y garantizar que dichas especies no estén sobreexplotadas.
- Mejorar la ordenación del sector artesanal al abordar la sobrecapacidad y la informalidad a través de las siguientes medidas:
    - Continuar y mejorar los procesos de formalización de los pescadores informales para garantizar que todos los pescadores artesanales en activo estén registrados en PRODUCE y tengan derecho a pescar. En particular, promover los beneficios de la formalización (p. ej., acceso a apoyo gubernamental, educación y capacitación, y mejora de la seguridad a bordo) puede ayudar a incentivar a los pescadores a decantarse por ella.
    - De manera paralela, ampliar las iniciativas destinadas a atajar la construcción y alteración ilegales de buques pesqueros en astilleros informales, en colaboración con los ministerios y las instituciones de aplicación de la ley pertinentes.
    - Poner en práctica medidas que velen por que las iniciativas de reducción de la sobrecapacidad no tengan efectos socioeconómicos negativos en los pescadores afectados.

Apoyo gubernamental a la pesca

- Investigar los efectos socioeconómicos y en la sostenibilidad que tienen los programas de apoyo con riesgo elevado y moderado (p. ej., las ayudas a los ingresos y el apoyo a la construcción y modernización de las infraestructuras) con el fin de comprender mejor si estas políticas están logrando sus objetivos previstos y si pudieran estar mejor orientadas para garantizar la sostenibilidad general del sector.
    - En concreto, tomar en consideración los vínculos entre la combinación de políticas de apoyo y la sobrecapacidad en el sector artesanal, en especial los programas con un riesgo moderado de promover la pesca no sostenible en ausencia de una ordenación eficaz, a fin de entender cómo se podrían seguir mejorando estas políticas para ofrecer un mejor respaldo a un sector pesquero artesanal sostenible y eficiente

Seguimiento, control y vigilancia, y lucha contra la pesca ilegal, no declarada y no reglamentada

- Trabajar por ampliar la cobertura del Sistema de Seguimiento Satelital (SISESAT) en la pesca artesanal al velar por la aplicación eficaz del Decreto Supremo 001-2025-PRODUCE, que ordena la instalación del sistema antes de que finalice 2026.
- Fortalecer las iniciativas interinstitucionales destinadas a juzgar y prevenir la construcción y modificación ilegales de buques pesqueros, en particular aplicando controles estrictos que cierren los astilleros ilegales e impidan su funcionamiento.
- Seguir mejorando las capacidades de los gobiernos regionales en el contexto del seguimiento, el control y la vigilancia, en particular a través del fomento de la capacidad y la mejora de los recursos tecnológicos.
- Reforzar el sistema de sanciones de la pesca ilegal, no declarada y no reglamentada, y fortalecer su efecto disuasorio al garantizar que sean proporcionales a la naturaleza y la gravedad de las infracciones, y al evitar nuevas amnistías para el pago de multas.

Acuicultura

- Mejorar la Ventanilla Única de Acuicultura (VUA) a fin de fortalecer su uso como herramienta de coordinación institucional destinada a reducir la carga administrativa de los productores acuícolas asociados a la producción de la piscicultura.
- Establecer un conjunto de indicadores y mecanismos de revisión, como un balance de mitad de período para evaluar el progreso en la consecución de los objetivos del Plan Nacional de Desarrollo Acuícola y una evaluación de los logros y las posibles esferas de mejora del Sistema Nacional de Acuicultura. De esta forma, PRODUCE podría llevar a cabo un seguimiento y tomar las medidas adicionales necesarias para garantizar que se cumplan los objetivos.
- Estudiar la oportunidad de desarrollar y adoptar una estrategia de planificación espacial que englobe las tierras, las regiones de agua dulce y las zonas y actividades marinas para ayudar a evitar el conflicto con otros usuarios de la tierra, el agua y los recursos marinos (p. ej., el turismo y la pesca de captura), y lograr un equilibrio adecuado entre la conservación de los recursos naturales y la producción.

References

FAO (2022), *FishStat: Global Aquatic Trade Statistics 1976-2022*, http://www.fao.org/fishery/en/statistics/software/fishstatj (accessed on December 2024). [1]

FAO (2001), *International Plan of Action to Prevent, Deter and Eliminate Illegal, Unreported and Unregulated Fishing*, Food and Agriculture Organization of the United Nations, Rome, https://openknowledge.fao.org/server/api/core/bitstreams/a80c3bfb-1d5b-4ee6-9c85-54b7e83986a2/content. [10]

Government of Peru (2024), *Review of Peru's fisheries and aquaculture: Policy information request for the background report informing the formal opinion of the OECD Fisheries Committee (COFI) on the accession of Peru to the Organisation*. [13]

Government of Peru (2001), *General Regulation of the Fisheries Law*, http://www.gob.pe/uploads/document/file/418473/Decreto_Supremo_Nº_012-2001-PE.pdf?v=1573142303. [5]

Government of Peru (1992), *General Fisheries Law*, https://spij.minjus.gob.pe/spij-ext-web/#/detallenorma/H757193. [4]

Gozzer-Wuest, R., E. Alonso-Población and G. Tingley (2021), "Identifying priority areas for improvement in Peruvian Fisheries", *Marine Policy*, Vol. 129, p. 104545, https://doi.org/10.1016/j.marpol.2021.104545. [11]

IMARPE (2024), *Informe ejecutivo "Cuarta encuesta estructural de la pesqueria artesanal en el litoral peruano, ENEPA IV 2022-2023"*, Ministry of Production, https://cdn.www.gob.pe/uploads/document/file/6908889/5966295-cuarta-encuesta-estructural-de-la-pesqueria-artesanal-en-el-litoral-peruano-enepa-iv-2022-2023.pdf. [2]

Interviews in the context of the Review (2024), *Interviews conducted with Peru's government representatives and stakeholders in the context of the Review*. [15]

Ministry of Production (2023), *National Aquaculture Policy to 2030*, https://rnia.produce.gob.pe/wp-content/uploads/2023/01/POLITICA-NACIONAL-DE-ACUICULTURA.pdf. [14]

OECD (2025), *OECD Review of Fisheries 2025*, OECD Publishing, Paris, https://doi.org/10.1787/560cd8fc-en. [9]

OECD (2023), *OECD Economic Surveys: Peru 2023*, OECD Publishing, Paris, https://doi.org/10.1787/081e0906-en. [3]

OECD/ECLAC (2017), *OECD Environmental Performance Reviews: Peru 2017*, OECD Environmental Performance Reviews, OECD Publishing, Paris, https://doi.org/10.1787/9789264283138-en. [17]

Paredes, C. et al. (2024), *La pesca en el Perú: Una ruta hacia un futuro próspero y sostenible*, Universidad Continental, Fondo Editorial, Huancayo, Peru, https://doi.org/10.18259/978-612-4443-64-0. [6]

Paredes, C. et al. (2024), *La pesca en el Perú: Una ruta hacia un futuro próspero y sostenible*, Universidad Continental, https://doi.org/10.18259/978-612-4443-64-0. [12]

PRODUCE (2024), *Anuario Estadistico Pesquero y Acuicola 2023*, https://www.producempresarial.pe/anuario-estadistico-pesquero-y-acuicola-2023/. [8]

World Bank (2022), *Peru Country Climate and Development Report*, World Bank Group, Washington, DC, http://documents.worldbank.org/curated/en/099220512062228587. [16]

World Bank (2021), *Repensar el futuro del Perú: Notas de política para transformar al Estado en un gestor del bienestar y el desarrollo*, World Bank, San Isidro, Lima, https://www.bancomundial.org/es/country/peru/publication/repensar-el-futuro-del-per-apuntes-de-pol-tica-para-transformar-al-estado-en-un-gestor-del-bienestar-y-el-desarrollo#2. [7]

Notas

[1] La tasa de explotación es la mortalidad por causa de la explotación expresada como una proporción de la mortalidad debida a causas naturales cuando la población no se explota (p. ej., biomasa virgen).

[2]Disponible en: https://rnia.produce.gob.pe/ventanilla-unica-de-acuicultura.

[3] Véase https://rnia.produce.gob.pe/ventanilla-unica-de-acuicultura/.

1 Situación de la pesca y la acuicultura en Perú

Perú es uno de los productores de pesca de captura marina más grandes del mundo, y un 97 % de la producción pesquera procede de la pesca marítima, principalmente de anchoveta (el 77 % de los desembarques), por lo que es un actor fundamental en la producción mundial de harina y aceite de pescado. Actualmente, la acuicultura representa solo el 2,6 % del sector en Perú. Este capítulo presenta datos e información clave sobre la estructura y relevancia económica de los sectores de la pesca y la acuicultura, como la producción total, el comercio exterior y el empleo, y los sitúa en relación con los países miembros de la OCDE. Entre los temas tratados figuran la flota pesquera peruana, que en 2022 contaba con 18 000 embarcaciones; las características clave de la pesca continental, que, aunque de pequeña envergadura, es importante para los medios de subsistencia locales; y los retos persistentes para el sector, desde la elevada informalidad y el envejecimiento de la mano de obra hasta las crecientes presiones relacionadas con el clima sobre las poblaciones de peces.

Conclusiones clave

- En 2022, Perú produjo 5,5 millones de toneladas (Mt) de pescado, por un valor de 2 978 millones de USD, combinando la producción de la pesca de captura marina y de la acuicultura. Perú representa el 3 % de la producción mundial total de la pesca y la acuicultura, y es el mayor productor de las Américas. Entre 2012 y 2022, la producción pesquera total aumentó un 12 % en términos de volumen, pero disminuyó un 18 % en términos de valor.
- En 2022, Perú fue el cuarto productor más grande de pesca de captura marina del mundo, con un 5,8 % de toda la producción de pesca de captura marina a nivel global. De esta forma, Perú habría sido el mayor productor de pesca de captura marina en términos de volumen de desembarques entre los miembros de la OCDE y el sexto productor más grande a efectos de valor.
- El sector pesquero de Perú depende en gran medida de la anchoveta peruana, que representa el 77 % del total de desembarques pesqueros del país (en términos de volumen) y constituye la base de la industria de la harina y el aceite de pescado. La sigue el calamar gigante (que también recibe el nombre de pota), con un porcentaje del 8,5 %, y el jurel chileno, con una proporción del 3,1 %.
- En 2022, la producción total de la acuicultura en Perú fue de 140 930 t, lo que representa un aumento del 95 % desde 2012, cuando ascendía a 72 292 t. Sin embargo, en términos de valor, la producción acuícola fue de 453 millones de USD en 2022, lo que supuso un descenso del 4 % con respecto a los 472 millones de USD alcanzados en 2012. En 2022, el 97 % de la producción acuícola peruana en términos de volumen se correspondió con cuatro especies: la trucha arcoíris, que representa el 44 % de la producción total; el camarón patiblanco, que representa el 32 %; el ostión (también conocido como concha de abanico), que representa el 19 %; y la tilapia, que representa alrededor de un 2 %. La actividad acuícola en 2022 se concentró en las regiones de Puno (continental), Tumbes (marina) y Piura (marina), las cuales, en conjunto, representaron el 75 % de la producción.
- En 2022, el empleo total en el sector de la pesca y la acuicultura fue de 128 011 personas. Las actividades pesqueras, tanto la captura marina como la pesca continental, representaron la mayor parte del empleo con 78 775 pescadores (un 61,5 %), seguidas del procesamiento (un 29,6 %), con 37 970 empleos, y la acuicultura (un 8,8 %), con 11 266. El sector, al igual que la economía en general, presenta unos altos niveles de informalidad.
- En 2022, la flota peruana de pesca marítima constaba de un total de 18 163 buques. La mayoría de ellos (14 142 buques, es decir, el 78 % de la flota) tenían una eslora total inferior a 12 metros. En el último decenio, la flota total ha crecido de forma significativa, con un aumento del 152 % entre 2012, cuando había 7192 buques registrados, y 2022, cuando había 18 163 buques registrados. Los buques con una eslora total inferior a 12 m constituyen la categoría que más ha crecido (un 175 %), seguidos de los buques de la categoría de entre 12 y 24 m (un 124 %). Gran parte de este incremento se debió a la formalización de embarcaciones informales, y no a la incorporación de buques nuevos a la flota.

1.1. En la producción pesquera de Perú, predomina la pesca de captura marina

En el análisis de la pesca y la acuicultura peruanas realizado a lo largo del presente informe, los datos se comparan con los de los miembros de la OCDE. El objetivo de ello es proporcionar un contexto fácil de entender con relación al tamaño y el rendimiento relativos del sector peruano. El propósito no consiste de ningún modo prejuzgar los resultados de los debates sobre la adhesión del Comité de Pesca. Las comparaciones se basan en los últimos datos comparables, que son de entre 2020 y 2022, dependiendo del conjunto de datos.

1.1.1. Introducción

El sector de la pesca y la acuicultura, incluidas las capturas, la piscicultura y las actividades de procesamiento, representó el 0,8 % del producto interno bruto (PIB) de Perú en 2022 (PRODUCE, 2023[1]). Dependiendo de las condiciones oceánicas, que influyen directamente en la producción de anchoveta y de otras especies comerciales como el calamar gigante, la contribución del sector pesquero a la economía puede oscilar entre el 0,7 % y el 1 % del PIB total. En 2022, el consumo total de productos pesqueros en Perú fue de 26,2 kilogramos (kg) per cápita, una cifra superior al promedio mundial de 20,7 kg y al consumo medio de la OCDE, de 25,1 kg (FAO, 2024[2]; 2024[3]).

En 2022, Perú produjo 5,5 Mt de pescado, por un valor de 2 978 millones de USD, combinando la producción de la pesca de captura marina y de la acuicultura. Perú representa el 3 % de la producción mundial de la pesca y la acuicultura, y es el mayor productor de pescado de las Américas (FAO, 2024[3]). Entre 2012 y 2022, la producción pesquera total aumentó un 12 % en términos de volumen, pero disminuyó un 18 % en términos de valor.

La producción pesquera en Perú se compone en su gran mayoría de desembarques marinos procedentes de la pesca de captura a lo largo de la costa del Pacífico, que representa un 97,4 % del volumen y un 84,8 % del valor. La acuicultura constituye un sector en expansión con un volumen del 2,5 % y un valor del 15 %, y tiene lugar fundamentalmente en zonas continentales (Gráfico 1.1).

Gráfico 1.1. Producción pesquera de Perú, 2012-2022

Producción en términos de valor (millones de USD) y volumen (miles de toneladas)

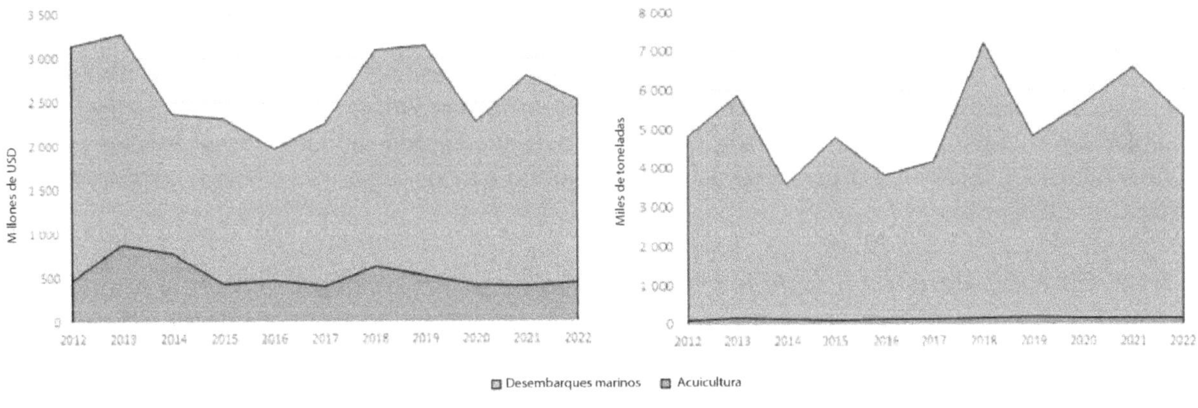

Fuentes: FAO (2023[4]), "Global capture production 1950-2020", *FishStatJ*, https://www.fao.org/fishery/en/statistics/software/fishstatj; OECD (2024[5]), "Marine landings", *OECD Data Explorer*, http://stats.oecd.org/wbos/default.aspx?datasetcode=FISH_LAND; OECD (2024[6]), "Aquaculture production", *OECD Data Explorer*, http://stats.oecd.org/wbos/default.aspx?datasetcode=FISH_AQUA.

El sector pesquero de Perú depende en gran medida de la anchoveta peruana, que representa el 77 % del total de desembarques pesqueros del país (en términos de volumen) y constituye la base de la industria de la harina y el aceite de pescado. La sigue el calamar gigante, con un porcentaje del 8,5 %, y el jurel chileno, con una proporción del 3,1 % (Cuadro 1.1).

Cuadro 1.1. Desembarques de las especies principales en Perú, 2022

Especies	Desembarques en 2022 (toneladas)	Porcentaje de los desembarques totales
Anchoveta (*Engraulis ringens*)	4 118 122	76,7
Calamar gigante (*Dosidicus gigas*)	457 364	8,5
Jurel chileno (*Trachurus murphyi*)	167 297	3,1
Caballa del Pacífico (*Scomber japonicus*)	90 515	1,6
Bonito del Pacífico oriental (*Sarda chiliensis*)	87 582	1,6
Pez dorado (*Coryphaena hippurus*)	56 682	1,0
Gran kelp (*Macrocystis pyrifera*)	46 662	0,8
Camarones peneidos (*Penaeus spp*)	45 284	0,8
Merluza del Pacífico Sur (*Merluccius gayi*)	37 028	0,6
Concha de abanico peruana (*Argopecten purpuratus*)	26 506	0,4
Listado (*Katsuwonus pelamis*)	19 732	0,3
Lisa (*Mugilidae*)	9 144	0,1
Bocachico (*Prochilodus reticulatus*)	8 633	0,1
Atún de aleta amarilla (*Thunnus albacares*)	5 561	0,1
Tiburón azul (*Prionace glauca*)	5 435	0,1

Nota: Las 15 especies principales de los desembarques marinos en Perú.
Fuentes: FAO (2023[4]), "Global capture production 1950-2020", *FishStatJ*, https://www.fao.org/fishery/en/statistics/software/fishstatj; OCDE (2024[5]), "Marine landings", *OECD Data Explorer*, http://stats.oecd.org/wbos/default.aspx?datasetcode=FISH_LAND.

La producción de la pesca de captura marina en Perú es muy sensible al fenómeno El Niño-Oscilación del Sur (ENOS)[1], que afecta directamente a la biomasa y la distribución de la anchoveta. Durante los fenómenos causados por El Niño, el calentamiento anómalo del mar altera la disponibilidad de nutrientes en la corriente de Humboldt, lo que hace que los recursos migren, disminuyan o se dispersen. Esto da lugar a reducciones significativas de la productividad pesquera, con vedas conexas de las pesquerías, grandes disminuciones de las capturas totales y efectos socioeconómicos (Coayla et al., 2023[7]; Hilborn and Hilborn, 2019[8]).

Por ejemplo, las graves condiciones climatológicas imperantes desde 2022, como ciclones, fuertes lluvias y el fenómeno El Niño, causaron importantes pérdidas económicas, que afectan, en particular, a los sectores de la pesca y la agricultura y perjudican a la producción, al tiempo que añaden presiones inflacionarias y debilitan las perspectivas económicas, lo que da lugar a protestas y manifestaciones (OECD, 2023[9]).

1.1.2. En 2022, Perú fue uno de los productores de pesca de captura marina más grandes del mundo y habría sido el más grande de todos los países miembros de la OCDE

En 2022, Perú fue el cuarto productor más grande de pesca de captura marina del mundo, con un 5,8 % de toda la producción de pesca de captura marina a nivel global. Por consiguiente, Perú habría sido el mayor productor de pesca de captura marina en términos de volumen de desembarques y el sexto en términos de valor de todos los países miembros de la OCDE (Gráfico 1.2 y Gráfico 1.3).

Gráfico 1.2. Desembarques de la pesca marítima por volumen en Perú y los 20 primeros países miembros de la OCDE, 2022

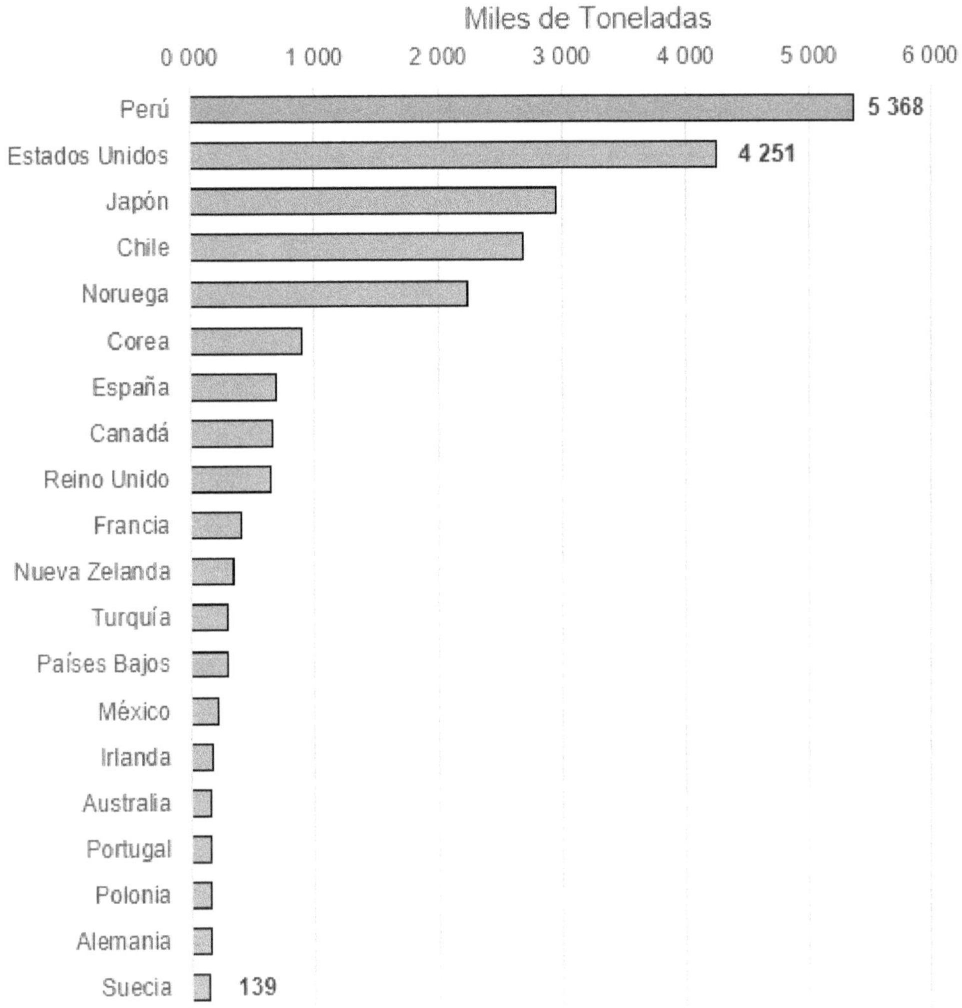

Nota: Por motivos de maquetación, el gráfico solo incluye los 20 primeros países miembros de la OCDE.
Fuente: OECD (2024[5]), "Marine landings", *OECD Data Explorer*, http://stats.oecd.org/wbos/default.aspx?datasetcode=FISH_LAND.

Gráfico 1.3. Desembarques de la pesca marítima por valor en Perú y los 20 primeros países miembros de la OCDE, 2022

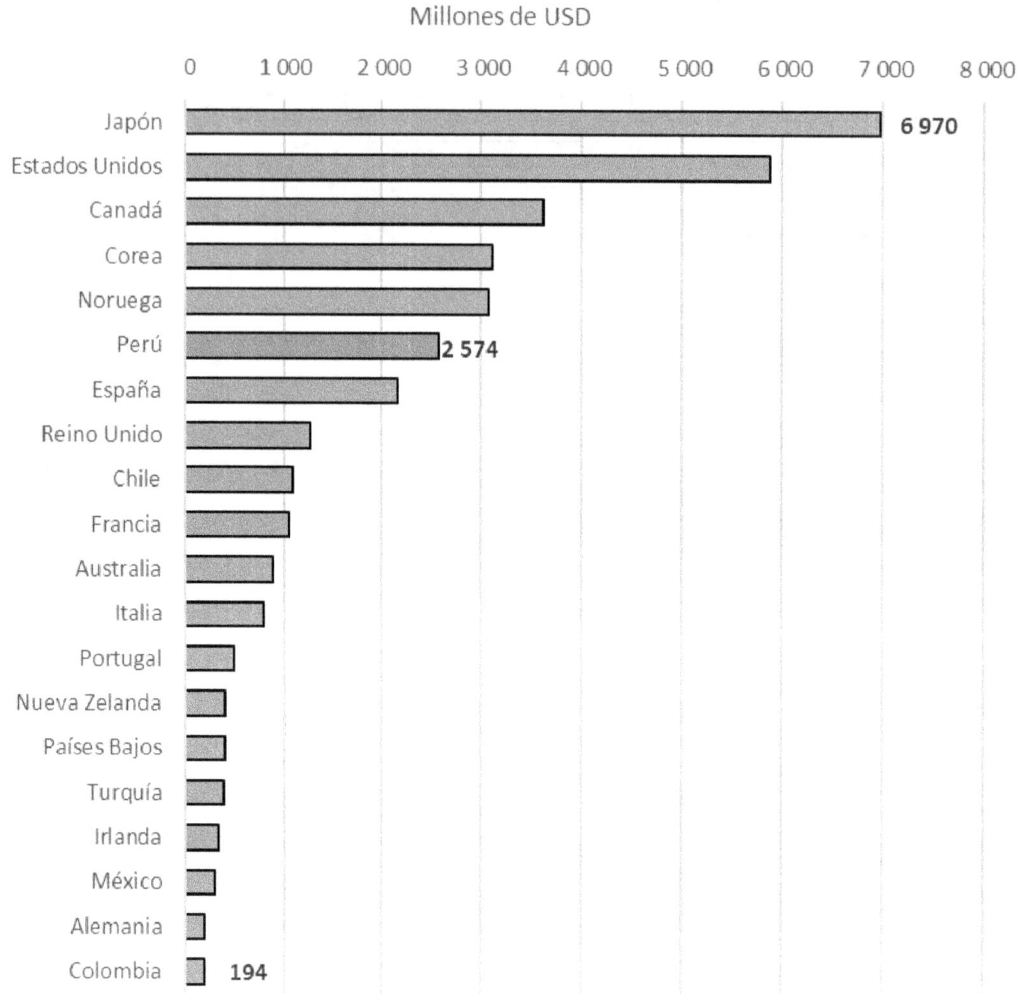

Nota: Por motivos de maquetación, el gráfico solo incluye los 20 primeros países miembros de la OCDE.
Fuente: OECD (2024[5]), "Marine landings", *OECD Data Explorer*, http://stats.oecd.org/wbos/default.aspx?datasetcode=FISH_LAND.

Recuadro 1.1. Producción de harina y aceite de pescado en Perú

La harina y el aceite de pescado son productos comerciales que se elaboran a partir de pescados enteros capturados en el medio natural, recortes de pescado y otros productos derivados de la pesca. La harina de pescado es una harina rica en proteínas que se produce al moler y secar pescado o partes de pescados, mientras que el aceite de pescado se obtiene presionando el pescado cocinado y centrifugando el líquido extraído. El aceite y la harina de pescado se suelen producir a partir de pescados grasos y pelágicos de pequeño tamaño, principalmente la anchoveta peruana, que representa la mayor parte de la producción global. Debido a su elevada concentración de ácidos grasos omega-3, la harina y el aceite de pescado son unos de los ingredientes más nutritivos de los utilizados en los piensos de piscicultura y agricultura, mientras que el aceite de pescado es la fuente principal de los suplementos de omega-3 que consumen las personas. En 2021, más del 87 % de la harina de pescado producida se utilizó en la acuicultura; el 7 %, en la explotación porcina; el 4 %, en los alimentos para animales de compañía y otros usos; y el 1 %, en la producción avícola (según las estimaciones de la Organización de Ingredientes Marinos). Ese mismo año, el 74 % del aceite de pescado se destinó a la acuicultura; el 16 %, al consumo humano; y el 10 %, a otros usos como los alimentos para animales de compañía y el biocombustible (FAO, 2024[3]).

La pesca de anchoveta constituye una de las pesquerías monoespecíficas más grandes del mundo, con un promedio de desembarques de 4,4 Mt al año. Debido al gran tamaño de la población de anchoveta y al aumento de la demanda de harina y aceite de pescado derivados de este pescado, esta pesquería desempeña un papel central en el sector pesquero y la economía en general en Perú. Perú es el principal productor y exportador de harina de pescado del mundo, y uno de los principales productores y exportadores de aceite de pescado. En 2022, produjo 81 752 t de aceite de pescado y 976 405 t de harina de pescado (PRODUCE, 2024[10]). Ambos productos representaron el 46,1 % del volumen total de las exportaciones peruanas de productos pesqueros y acuícolas en 2023 (PROMPERU, 2023[11]). La República Popular China (en adelante, «China») fue el destino principal, ya que recibió el 66,4 % de las exportaciones en términos de valor, debido a la demanda de su acuicultura y su porcicultura, industrias de gran tamaño.

Según el informe *OCDE-FAO Perspectivas Agrícolas 2024-2033* (OECD/FAO, 2024[12]), se espera que Perú continúe siendo el mayor productor de harina de pescado y uno de los principales productores de aceite de pescado hasta el final del período de previsión, en 2033. Teniendo en cuenta que se prevé que el comercio mundial de harina y aceite de pescado crecerá un 4 % y un 11 %, respectivamente, también se espera que Perú siga a la cabeza de las exportaciones de estos productos a nivel global.

La producción de harina y aceite de pescado en Perú fluctúa con los cambios en las poblaciones de anchoveta, cuya biomasa se ve afectada por El Niño-Oscilación del Sur. En 2023-2024, las condiciones de El Niño causaron una reducción del 50 % de los desembarques de anchoveta con respecto a 2022, lo que dio lugar a la veda temprana de la temporada de pesca. La reducción de los desembarques derivó en un incremento excepcional del 112 % del precio real del aceite de pescado a nivel mundial durante ese mismo período (OECD/FAO, 2024[12]), lo que pone de relieve la posición de Perú como actor clave en el suministro global de harina y aceite de pescado, y la importante influencia que ejerce en los precios del mercado internacional.

Fuentes: PRODUCE (2024[10]), *Anuario estadístico Pesquero y Acuícola 2023*, https://www.producempresarial.pe/anuario-estadistico-pesquero-y-acuicola-2023; OCDE/FAO (2024[12]), *OCDE-FAO Perspectivas Agrícolas 2024-2033*, https://doi.org/10.1787/4c5d2cfb-en; FAO (2024[3]), *El estado mundial de la pesca y la acuicultura 2024*, https://doi.org/10.4060/cd0683en; PROMPERÚ (2023[11]), *Desenvolvimiento del comercio exterior: Pesquero y acuícola, 2023*, https://recursos.exportemos.pe/desenvolvimiento-del-comercio-exterior-pesquero-y-acuicola-2023.pdf.

1.1.3. El volumen de la producción acuícola está creciendo con rapidez

En 2022, la producción total de la acuicultura en Perú fue de 140 930 t, lo que representa un aumento del 95 % desde 2012, cuando ascendía a 72 292 t. Sin embargo, en términos de valor, la producción acuícola fue de 453 millones de USD en 2022, lo que supuso un descenso del 4 % con respecto a los 472 millones de USD alcanzados en 2012 (Gráfico 1.4). En promedio, la producción acuícola de los países miembros de la OCDE creció con mayor lentitud, con un aumento del 30 % durante ese mismo período, pero también creció de forma significativa, incluso en mayor medida, en términos de valor (con un incremento del 47 %).

Gráfico 1.4. Producción acuícola por volumen de Perú, 2012-2022

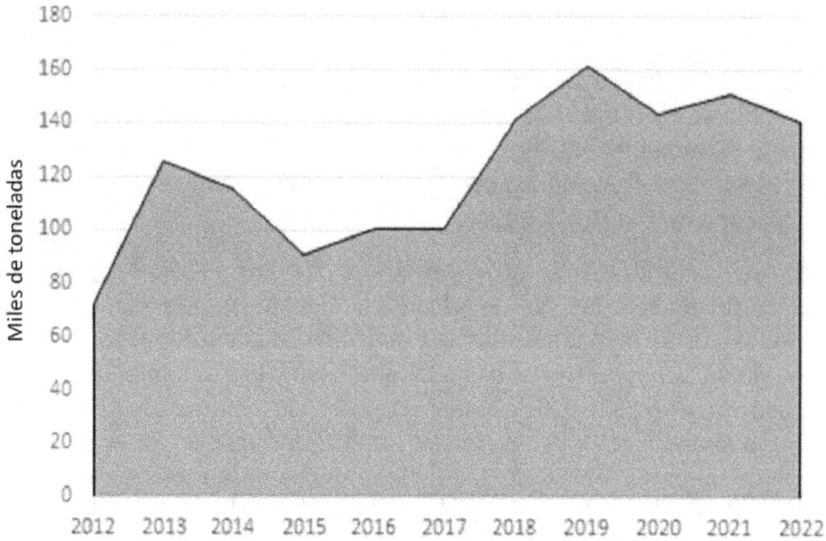

Fuente: OECD (2024[6]), "Aquaculture production", *OECD Data Explorer*, http://stats.oecd.org/wbos/default.aspx?datasetcode=FISH_AQUA.

En 2022, Perú habría sido el 14.º productor acuícola más grande de los países miembros de la OCDE a efectos de volumen y el 16.º en términos de valor (Gráfico 1.5). Fue el octavo productor acuícola más grande en términos de volumen en América Latina y el Caribe, al representar un 3,3 % de la producción total ese mismo año (FAO, 2022[13]).

Gráfico 1.5. Volumen de la producción acuícola en Perú y los 20 primeros países miembros de la OCDE, 2022

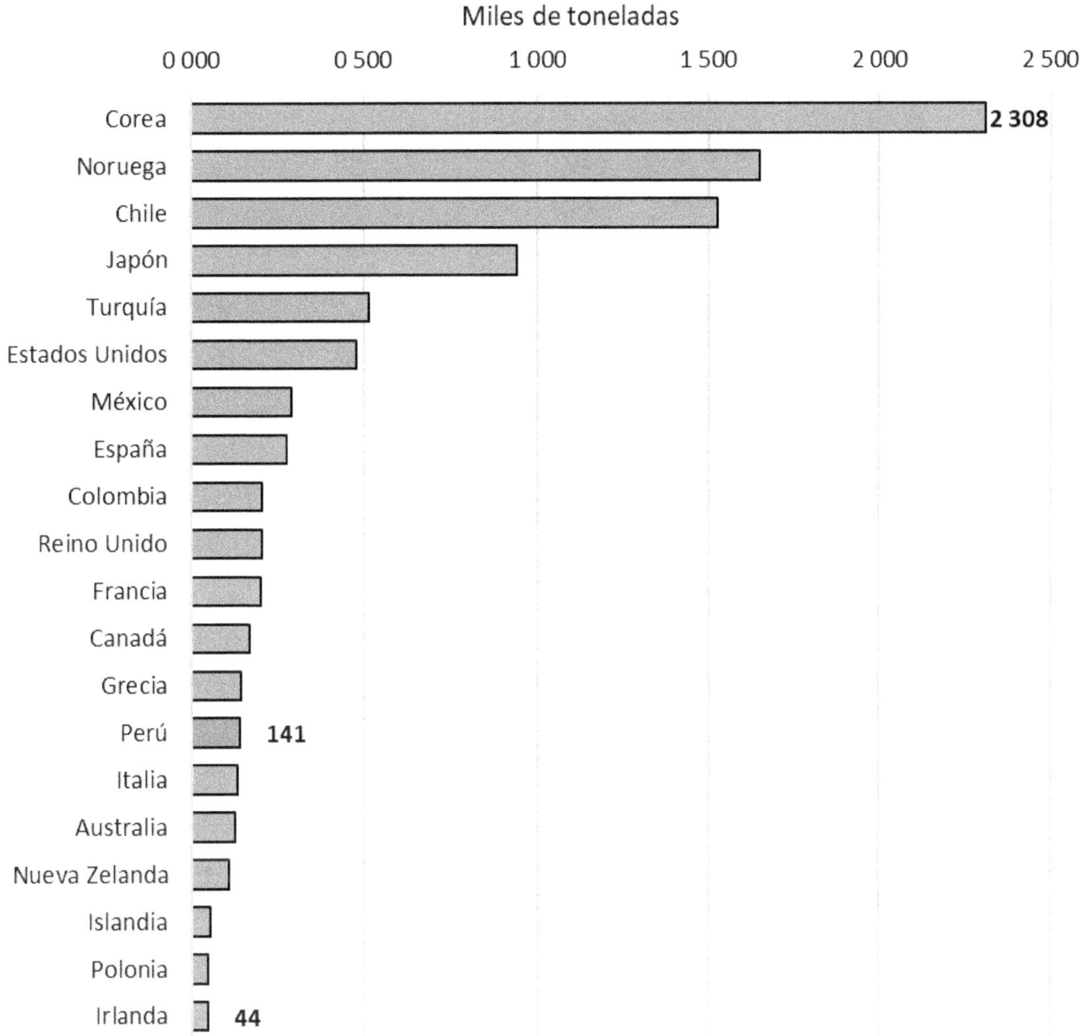

Nota: Por motivos de maquetación, el gráfico solo incluye los 20 primeros países miembros de la OCDE.
Fuente: OECD (2024[6]), "Aquaculture production", *OECD Data Explorer*, http://stats.oecd.org/wbos/default.aspx?datasetcode=FISH_AQUA.

En 2022, la producción acuícola de Perú a efectos de volumen y de valor se concentró en especies de peces diádromos cultivados en zonas continentales (lagos y lagunas). El 97 % de la producción acuícola peruana en términos de volumen se correspondió con cuatro especies: la trucha arcoíris, que representa el 44 % de la producción total; el camarón patiblanco, que representa el 32 %; el ostión (también conocido como concha de abanico), que representa el 19 %; y la tilapia, que representa alrededor de un 2 %. La actividad acuícola en 2022 se concentró en las regiones de Puno (continental), Tumbes (marina) y Piura (marina), las cuales, en conjunto, representaron el 75 % de la producción (Gráfico 1.6).

A lo largo del decenio comprendido entre 2012 y 2022, la producción de especies diádromas, principalmente trucha, y de crustáceos creció de manera considerable, al tiempo que la producción de moluscos se mantuvo prácticamente invariable e incluso disminuyó en 2022, debido a las condiciones adversas del océano; la producción de plantas acuáticas cesó por completo.

Gráfico 1.6. Producción acuícola en Perú por grupos de especies, 2012 y 2022

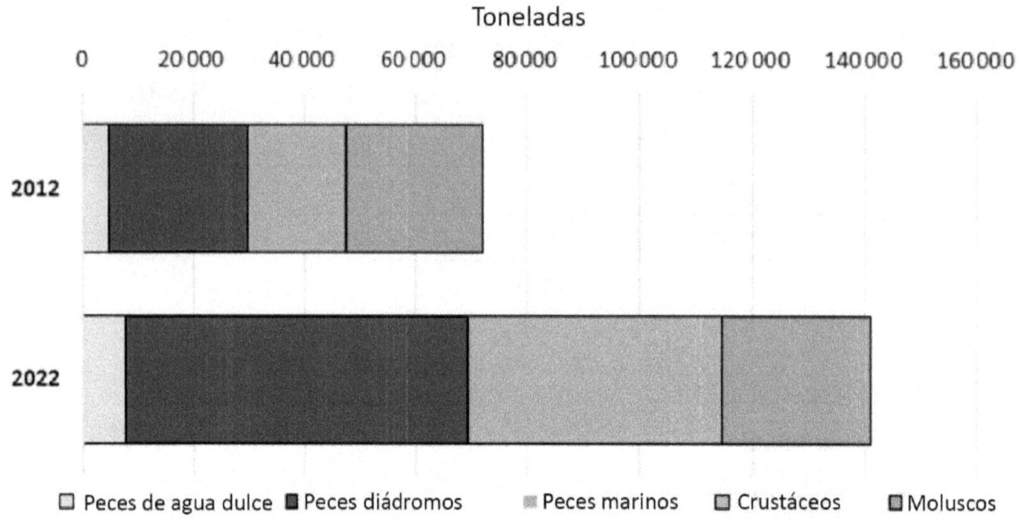

Fuente: OECD (2024[6]), "Aquaculture production", *OECD Data Explorer*, http://stats.oecd.org/wbos/default.aspx?datasetcode=FISH_AQUA.

En 2022, se concedieron un total de 13 048 derechos acuícolas en Perú, los cuales engloban desde productores acuícolas en pequeña escala hasta grandes productores de la acuicultura (Cuadro 1.2). En general, la acuicultura continental consta de un mayor número de pequeños productores, con 10 191 productores en un área de 6 278 ha, mientras que la acuicultura marina comprende menos productores (503), pero de mayor tamaño (24 434 ha).

Cuadro 1.2. Número de derechos acuícolas concedidos en Perú, por categoría, 2022

Categoría de producción	Número de derechos acuícolas concedidos
Productores en mediana y gran escala	192
Microproductores y pequeños productores	3 104
Productores con recursos limitados	9 752
Total	13 048

Nota: El Catastro Acuícola Nacional contiene información sobre todos los productores acuícolas del país que poseen derechos vigentes para llevar a cabo actividades de acuicultura. También facilita información pormenorizada sobre las zonas geográficas autorizadas donde se pueden realizar actividades de piscicultura.
Fuentes: Gobierno de Perú (2024[14]), Review of Peru's fisheries and aquaculture: Policy information request for the background report informing the formal opinion of the OECD Fisheries Committee (COFI) on the accession of Peru to the Organisation; http://catastroacuicola.produce.gob.pe/web.

Esto se debe probablemente a la mayor inversión inicial en infraestructura y tecnologías que se necesita para comenzar la producción acuícola en las zonas marinas en comparación con las zonas continentales. Por lo tanto, la gran mayoría (el 98 %) de los productores acuícolas en aguas marinas eran empresas pequeñas, medianas y grandes, mientras que, en las zonas continentales, predominaban las microempresas y los particulares (el 75 %) (PRODUCE, 2023[15]).

La producción acuícola peruana se centra principalmente en los mercados de exportación. Las exportaciones de la acuicultura crecieron en promedio al año un 7,6 % en términos de valor y un 9,6 % a efectos de volumen durante el período comprendido entre 2018 y 2022. Este crecimiento se debió al aumento del valor de las exportaciones de trucha (+14 %), ostión (+13 %) y camarón (+4,9 %), cuyo valor de exportación conjunto aumentó de 295 millones de USD en 2018 a 426 millones de USD en 2022. El camarón patiblanco fue el principal producto acuícola exportado en 2022, con un 64 % del valor total. Estuvo seguido del ostión (un 24 %) y la trucha (un 12 %) (Government of Peru, 2024[14]).

1.1.4. La pesca es una importante fuente de ingresos de exportación para Perú

Perú es un exportador neto de productos pesqueros. En 2022, las exportaciones totales ascendieron a 3 947 millones de USD y a un volumen de 1,7 Mt. El valor de las exportaciones de productos pesqueros creció de manera constante, con un aumento del 18,6 % entre 2012 y 2022. Cabe destacar que, en 2020, las exportaciones disminuyeron debido a los efectos económicos y comerciales de la pandemia de COVID-19, sumados a las reducciones de la producción de la pesca de captura marina por causa del fenómeno ENOS (Gráfico 1.7).

Gráfico 1.7. Comercio internacional de productos pesqueros de Perú, 2012-2022

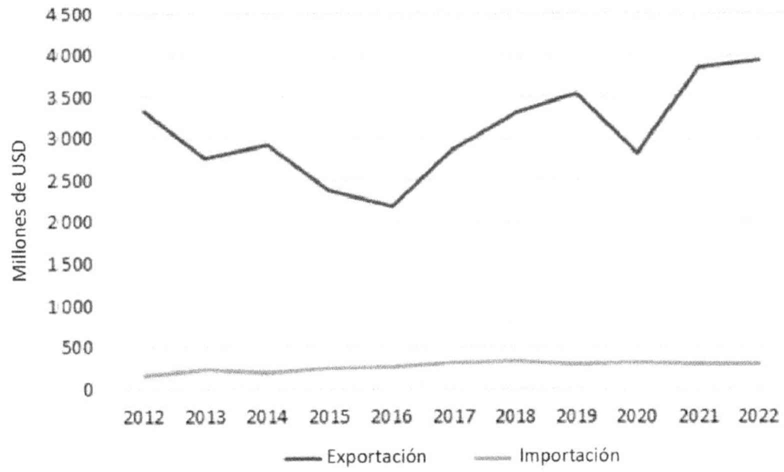

Fuente: OECD (2024[16]), "International trade of fisheries commodities", *OECD Data Explorer*, http://stats.oecd.org/wbos/default.aspx?datasetcode=FISH_TRADE.

La pesca y la acuicultura desempeñan una importante función en la balanza comercial y como fuente de ingresos del país, y en 2022 representaron un 6 % del total de exportaciones de bienes y servicios (OECD, 2023[9]). Desde 2012, la proporción del sector pesquero en el total de las exportaciones peruanas ha fluctuado entre el 5,8 % y el 7,5 %, lo que lo convierte en el tercer sector más importante en términos de ingresos en divisas, por detrás del sector de la minería y el petróleo y sus derivados (PRODUCE, 2023[1]).

La mayor parte de los ingresos de exportación proceden de la venta de harina de pescado, calamar gigante y aceite de pescado (un 44 %, un 15 % y un 5,4 % del valor total de las exportaciones, respectivamente). El dorado (que a nivel local se conoce como perico) y las ovas de pez volador también son especies importantes en la exportación. En términos de productos, más de dos tercios de las exportaciones distintas de la harina y el aceite de pescado fueron productos pesqueros congelados, seguidos de las conservas, que representan una proporción cada vez mayor de las exportaciones totales. Las exportaciones de peces ornamentales revisten relevancia para la pesca continental y, en 2022, se valoraron en 2,2 millones de USD. Hong Kong (China), los Estados Unidos, Alemania y China Taipéi fueron los principales destinos de los peces ornamentales.

En general, en 2022, el 47 % de las exportaciones totales de productos pesqueros en términos de valor (1 852 millones de USD) se destinaron a China, principalmente gracias a las ventas de harina de pescado. Los Estados Unidos fue el segundo destino principal con un 8,2 % de las exportaciones totales, por valor de 325 millones de USD en 2022, seguidos de España (un 6,1 %), Coreo (5,7 %) y Japón (un 5,5 %).

Estos países demandaron principalmente productos para el consumo humano directo (FAO, 2022[13]). Ecuador también fue un importante asociado comercial, siendo el segundo importador más grande de harina de pescado peruana, que se utiliza fundamentalmente como insumo en la acuicultura del camarón.

Dada la importancia de las exportaciones del sector pesquero y la economía en general, Perú dispone de una infraestructura de calidad bien organizada para garantizar el cumplimiento de los requisitos fitosanitarios y zoosanitarios en los distintos mercados de exportación. La Autoridad Nacional de Sanidad e Inocuidad en Pesca y Acuicultura, adscrita a PRODUCE, regula y supervisa los servicios de salud y seguridad relacionados con la pesca, la acuicultura y los productos asociados en el plano nacional.

En 2022, las importaciones de productos pesqueros ascendieron a 149 000 t en términos de volumen y 295 millones de USD en términos de valor, un aumento del 99 % en lo que al valor se refiere desde 2012, cuando las importaciones ascendían a 147 millones de USD (Gráfico 1.7). Durante el último decenio, el promedio de las importaciones fue de 263 millones de USD al año.

El pescado y los productos pesqueros congelados fueron los más importados en 2022, ya que representaron el 60,3 % de todas las importaciones en términos de valor (177 millones de USD). El segundo producto más importado a efectos de valor fue el pescado en conserva, con un total de 61 millones de USD (PRODUCE, 2023[1]). El atún, el camarón, la tilapia y el jurel fueron algunas de las especies más importadas. En general, las importaciones provinieron esencialmente de Argentina (un 24 %), Ecuador (un 17 %), y Chile y Tailandia (ambos un 11 %) (FAO, 2022[13]).

1.2. Empleo

1.2.1. Un número cada vez mayor de pescadores y el envejecimiento de la mano de obra

En 2022, el empleo total en el sector de la pesca y la acuicultura fue de 128 011 personas. Las actividades pesqueras, tanto la captura marina como la pesca continental, representaron la mayor parte del empleo con 78 775 pescadores (un 61,5 %), seguidas del procesamiento (un 29,6 %), con 37 970 empleos, y la acuicultura (un 8,8 %), con 11 266 personas empleadas (Gráfico 1.8). Por lo tanto, Perú habría sido el sexto país de la OCDE en términos de cantidad total de trabajadores del sector en 2022 (Gráfico 1.9).

Hubo un incremento del 5 % en el empleo total en 2022 en comparación con 2012. Si lo analizamos con mayor detenimiento, el empleo en la acuicultura creció de manera significativa (+52 %) en el último decenio, mientras que el procesamiento de pescado (+4 %) y la pesca (+1 %) se mantuvieron relativamente estables como fuente de empleo durante ese mismo período.

Gráfico 1.8. Empleo en el sector de la pesca y la acuicultura en Perú, 2012-2022

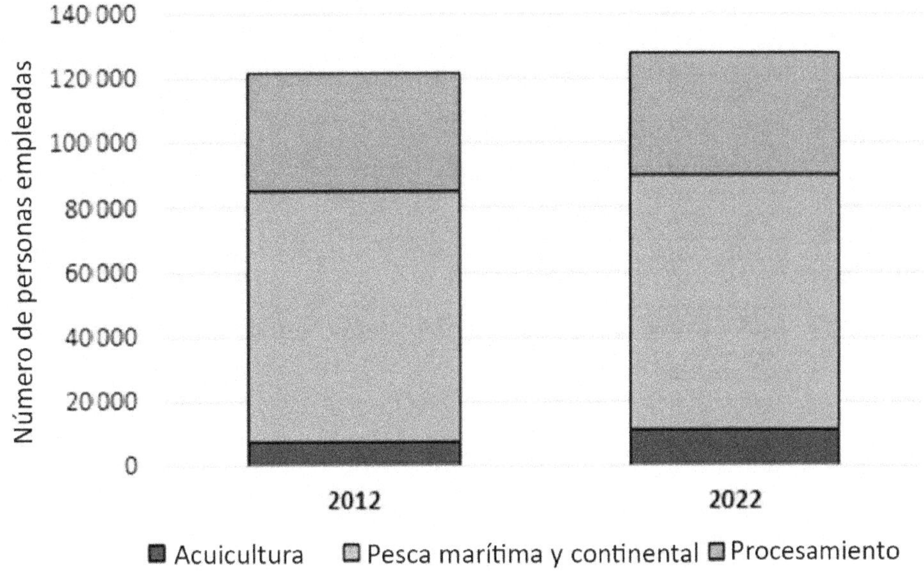

Fuente: OECD (2024[17]), "Employment in fisheries, aquaculture and processing", *OECD Data Explorer*, https://data-explorer.oecd.org/s/2t7

El sector pesquero constituye un importante empleador. Las actividades pesqueras y acuícolas representan el 1 % del empleo total en la economía (OECD, 2023[9]), una proporción superior al promedio de los miembros de la OCDE, del 0,2 % (OECD, 2025[18]). El empleo en los sectores de la pesca y el procesamiento es predominantemente masculino (un 95 % del total de trabajadores), y la cantidad de personas empleadas está estrechamente ligada a los efectos de las condiciones oceanográficas en las capturas. Los años en que el fenómeno ENOS afectó a la productividad de las poblaciones de anchoveta registraron una notoria reducción del empleo total en el sector.

La pandemia de COVID-19 también repercutió de forma considerable en el empleo del sector, de modo que, en 2020, se registró el nivel de empleo más bajo (incluidos la pesca, la acuicultura y el procesamiento) desde 1998. Esto se debió principalmente a los cierres preventivos de los puntos de desembarque y a la perturbación de la demanda debido al cierre de los restaurantes, la disminución del turismo y la reducción de la demanda procedente de los mercados externos (entre 2019 y 2020, las exportaciones bajaron un 20 %).

Gráfico 1.9. Empleo en el sector pesquero en la OCDE, 2022

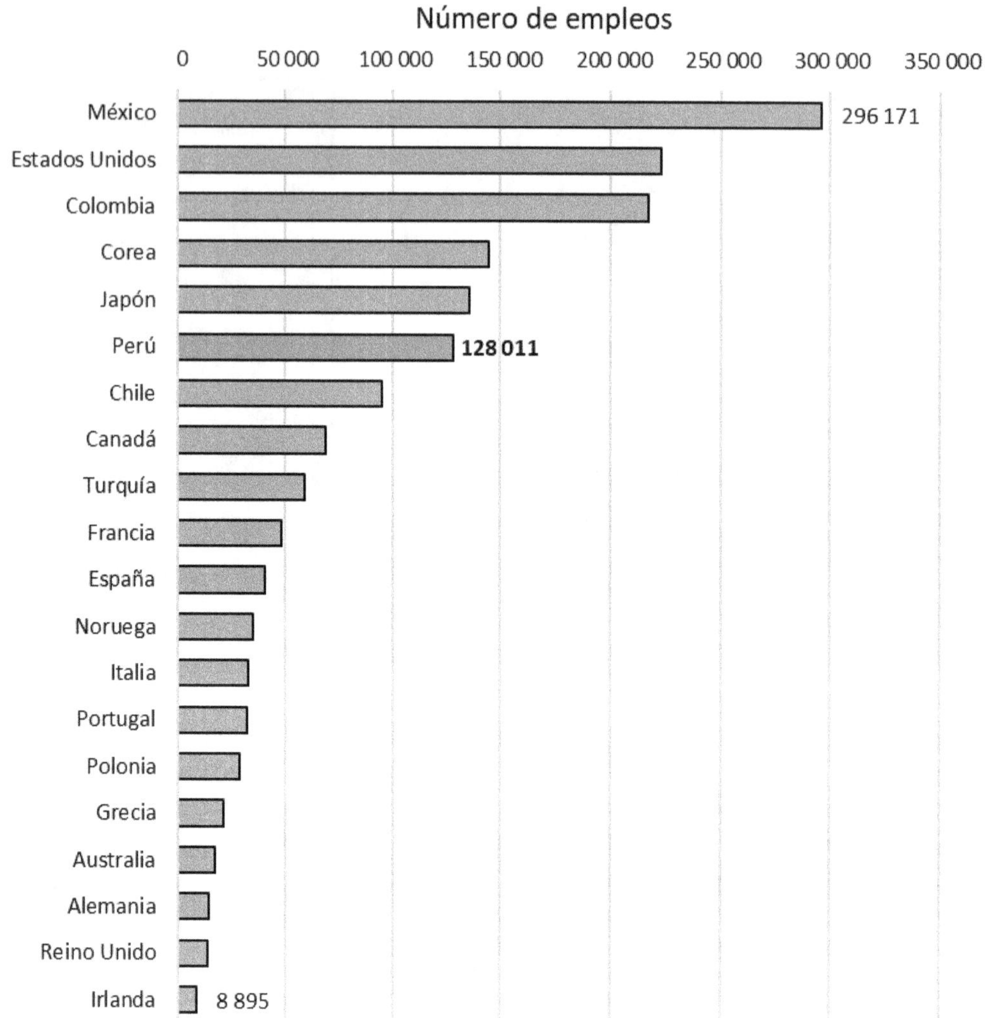

Nota: Por motivos de maquetación, el gráfico solo incluye los 20 primeros países miembros de la OCDE.
Fuente: OECD (2024[17]), "Employment in fisheries, aquaculture and processing", *OECD Data Explorer*, https://data-explorer.oecd.org/s/2t7

Según una encuesta sobre la pesca artesanal en aguas marinas, elaborada conjuntamente por PRODUCE y el IMARPE, más del 95 % del empleo total en actividades pesqueras en 2022 fue en el sector artesanal. La cantidad total de pescadores artesanales prácticamente se ha triplicado desde 1995 (donde se dispone de los primeros registros), de 28 000 a 75 500 en 2022. La mayor parte del incremento se produjo en 2004, cuando la encuesta determinó que había 37 700 pescadores (IMARPE, 2024[19]). Sin embargo, lo más probable es que gran parte de este aumento esté relacionado con la mejora de la identificación y el registro de los pescadores (véase el presente documento más adelante), y no a la incorporación de pescadores nuevos a la mano de obra.

Al mismo tiempo, los pescadores están envejeciendo, con un aumento de la edad media de 35 en 1995 a 46 en 2022. La proporción de pescadores mayores de 60 años aumentó de 8,4 % a 19,4 % (1995-2022) (Cuadro 1.3).

Cuadro 1.3. Cantidad de pescadores artesanales en Perú, 1995-2022

Año	Cantidad de pescadores	Edad media	Proporción de pescadores mayores de 60 años
1995	28 098	35	8,4 %
2004	37 727	38	6,4 %
2015	67 427	42	12 %
2022	75 507	46	19,4 %

Fuente: IMARPE (2024[19]), *Informe ejecutivo "Cuarta encuesta estructural de la pesquería artesanal en el litoral peruano, ENEPA IV 2022-2023"*, https://cdn.www.gob.pe/uploads/document/file/6908889/5966295-cuarta-encuesta-estructural-de-la-pesqueria-artesanal-en-el-litoral-peruano-enepa-iv-2022-2023.pdf.

Existe una informalidad persistente en la mano de obra pesquera (al igual que en muchos otros sectores primarios peruanos). Por consiguiente, PRODUCE ha llevado a cabo una serie de procesos de formalización encaminados a garantizar que los pescadores cumplan los requisitos para operar de manera legal (otorgándoles derechos de pesca), ha impartido formación sobre buenas prácticas pesqueras, ha facilitado el acceso a los servicios de seguridad social y ha integrado a los pescadores en las cadenas de valor del mercado y el sector financiero (Recuadro 1.2). Estos procesos de formalización explican, en cierta medida, el aumento de la cantidad de pescadores artesanales que se produjo desde 1994, ya que se corresponde con los pescadores registrados.

Recuadro 1.2. Alto nivel de informalidad en el mercado laboral peruano

La informalidad en Perú es generalizada en todos los sectores económicos. Sin embargo, la pesca, con un 90 % de informalidad, y la agricultura, con más de un 95 % de informalidad, son los sectores con la mayor prevalencia de empleo informal (en 2021, según las estimaciones, la informalidad ascendía al 77 % en toda la economía) (OECD, 2023[9]). El empleo informal en el sector pesquero está presente en todas las actividades de la cadena de valor, como la captura marina, la piscicultura, el procesamiento y la comercialización, y, por consiguiente, se debe abordar en todo el conjunto del sector de la pesca y la acuicultura.

El empleo informal y la pesca informal (entendida como aquellos pescadores y marineros que no poseen las licencias de pesca necesarias a nivel legal) se encuentran extendidos en el sector de la pesca marítima, y solo el 65 % de los pescados artesanales cuentan con una licencia oficial (carné de pesca) (IMARPE, 2024[19]; Paredes et al., 2024[20]). En calidad de actividad económica, la pesca artesanal a menudo constituye una fuente alternativa de empleo e ingresos para las poblaciones costeras económicamente activas, en especial para los grupos de trabajadores no especializados que se encuentran desempleados o migran desde otros sectores u opciones laborales, ya sea de manera permanente o estacional (IMARPE, 2024[19]). El alto grado de informalidad se puede traducir en la sobreexplotación de los recursos, la debilidad de los derechos laborales, el aumento de los accidentes y la falta de prestaciones de la seguridad social, como seguros de vida o fondos de pensiones.

Atajar el empleo informal constituye todo un desafío en todos los sectores de la economía peruana, de modo que las iniciativas emprendidas por PRODUCE para abordar el problema se deben integrar en un enfoque más amplio que implique al conjunto del gobierno, dado que van más allá de la política en materia de pesca y acuicultura. Por consiguiente, si bien existen dificultades específicas del sector (como la pesca informal) que exigen soluciones hechas a medida, se necesita un enfoque coordinado entre los distintos ministerios y organismos gubernamentales para hacer frente a los problemas de carácter más general que afectan a la totalidad de los sectores.

Las trabajadoras tienen un índice de participación más bajo que los hombres en el empleo total y más probabilidades de desempeñar trabajos informales, con una tasa de informalidad 7 puntos porcentuales más alta que la de los hombres. Muchas mujeres se han mantenido al margen del mercado laboral después de los grandes efectos de la pandemia de COVID-19, cuando numerosas trabajadoras salieron de dicho mercado debido a los prolongados cierres de las escuelas y al cuidado de las personas de edad (OECD, 2023[9]; OECD, 2025[21]).

1.3. Flota

En 2022, la flota peruana de pesca marítima constaba de un total de 18 163 buques. La mayor parte (14 142 buques, lo cual representa el 78 % de la flota) presentaba una eslora total inferior a 12 metros (m), mientras que el 18 % (3 327 buques) se enmarcaba en la categoría de entre 12 y 24 m, el 3 %, en la de 24 a 45 m (588 embarcaciones) y solo el 0,6 % (106 buques) tenía más de 45 m.

La capacidad total de la flota de pesca marítima de Perú en 2022 era de 498 559 AB, una cifra repartida de manera uniforme entre las distintas categorías de eslora: los buques de más 12 m de eslora total tenían 87 480 AB; los de entre 12 y 14 m, 132 466 AB; los de entre 24 y 45 m, 160 587 AB; y los de más de 45 m, 118 027 AB.

La legislación peruana divide las embarcaciones pesqueras en tres categorías diferentes: buques industriales, buques en pequeña escala con artes mecanizadas y buques en pequeña escala «artesanales» o «ancestrales» con mano de obra predominantemente manual. Esta clasificación se basa tanto en el tamaño de la bodega del barco como en el tipo de pesca (p. ej., manual frente a mecanizada)2. Las características de las embarcaciones varían de manera significativa en los diferentes segmentos de la flota. Los buques industriales de acero naval, con altas normas de calidad y seguridad, se dedican principalmente a la pesca de anchoveta y merluza. De los buques artesanales registrados, el 95 % disponen de casco de madera, el 3 %, son de fibra de vidrio y el 0,4 %, de acero naval (PRODUCE, 2025[22]).

En lo que respecta al tipo de artes de pesca declarado en el permiso de pesca de cada embarcación, el tipo más habitual en la flota artesanal son las redes (un 34 %), seguidas de los palangres (un 20 %) y los anzuelos y las líneas de mano (un 18 %) (cuadro 1.4). Se emplean distintas artes en función de la reglamentación de la pesquería particular o las restricciones de la zona geográfica; de la misma forma, las embarcaciones peruanas en pequeña escala pueden cambiar las artes de pesca según la estación o utilizar más de un arte de pesca a la vez.

Cuadro 1.4. Tipos de artes de pesca declarados por las embarcaciones de la flota artesanal peruana, 2023

	Cantidad de buques por tipo de arte de pesca	Porcentaje de la flota pesquera artesanal
Red de enmalle	5 575	34 %
Palangre	3 383	20 %
Anzuelos y líneas	2 980	18 %
Red de tiro	902	5,4 %
Buceo con compresora	901	5,4 %
Líneas de pota	641	3,8 %
Red de arrastre	51	0,3 %
Nasas	24	0,1 %

Fuentes: PRODUCE (2025[22]), *Embarcaciones pesqueras registradas*, https://consultasenlinea.produce.gob.pe/ConsultasEnLinea/consultas.web/embarcacion; IMARPE (2024[19]), *Informe ejecutivo "Cuarta encuesta estructural de la pesquería artesanal en el litoral peruano, ENEPA IV 2022-2023"*, https://cdn.www.gob.pe/uploads/document/file/6908889/5966295-cuarta-encuesta-estructural-de-la-pesqueria-artesanal-en-el-litoral-peruano-enepa-iv-2022-2023.pdf.

En el contexto de los miembros de la OCDE, en 2022 la flota peruana habría sido la quinta más grande en términos de cantidad de buques y la tercera en términos de AB (Gráfico 1.10 y Gráfico 1.11).

Gráfico 1.10. Cantidad de embarcaciones de la flota pesquera en Perú y los 20 primeros países miembros de la OCDE, 2022

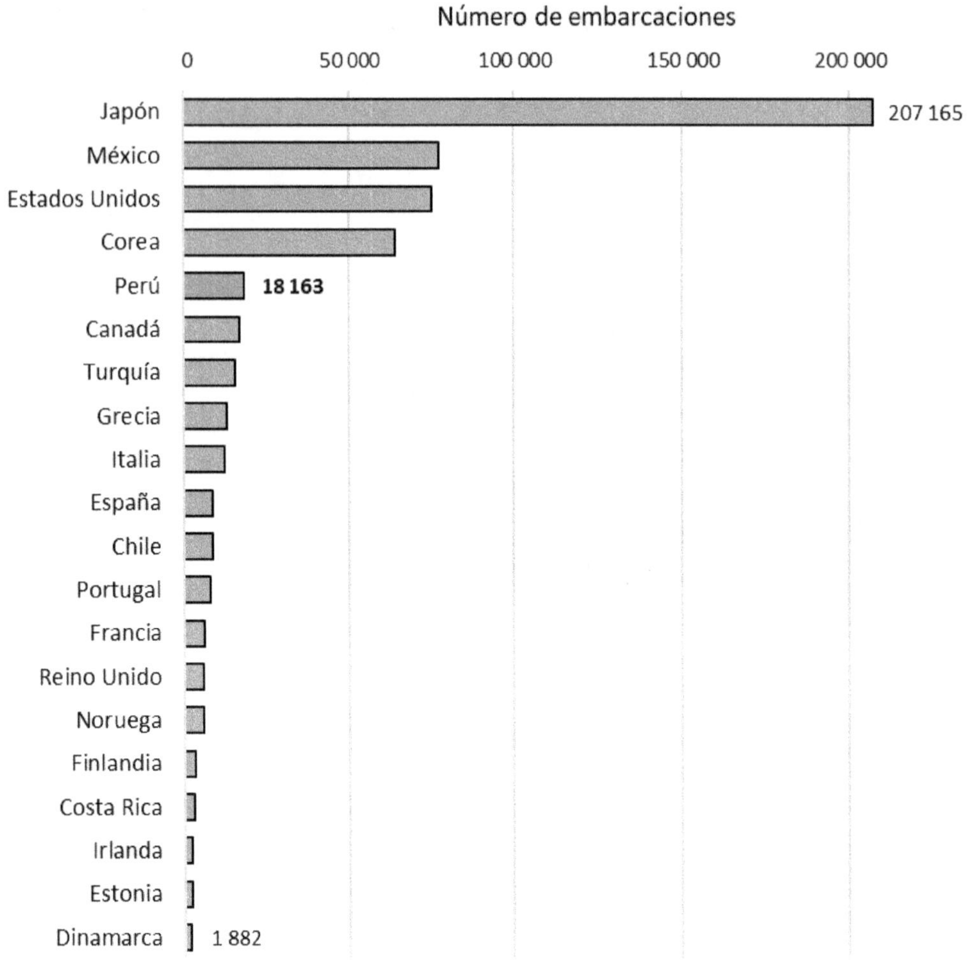

Notas: Información no disponible para Austria ni Islandia. Por motivos de maquetación, el gráfico solo incluye los 20 primeros países miembros de la OCDE.
Fuente: OECD (2024[23]), "Fishing fleet", OECD Data Explorer, https://data-explorer.oecd.org/s/2t8.

Gráfico 1.11. Arqueo bruto de la flota pesquera en Perú y los 20 primeros países miembros de la OCDE, 2022

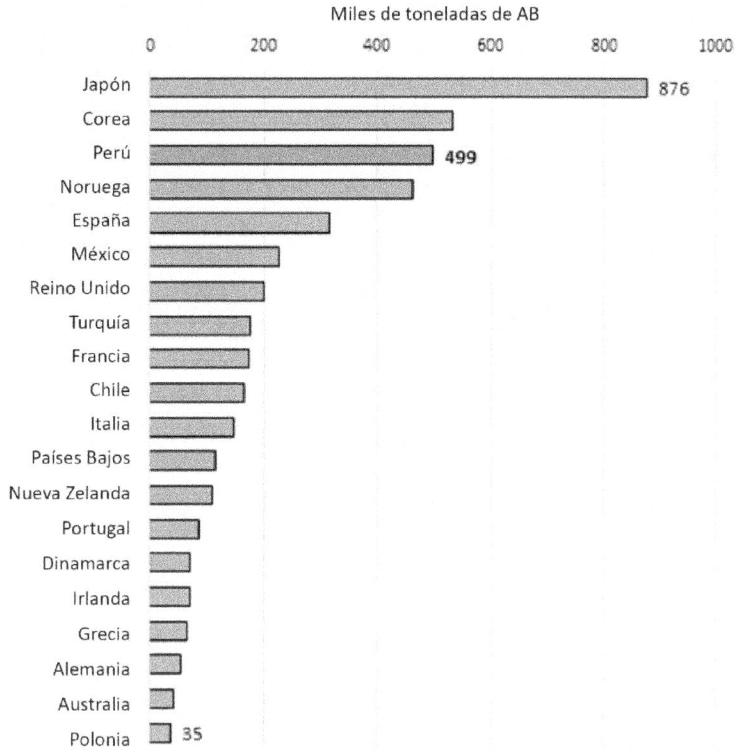

Notas: Información no disponible para Islandia. Por motivos de maquetación, el gráfico solo incluye los 20 primeros países miembros de la OCDE.
Fuente: OECD (2024[23]), "Fishing fleet", *OECD Data Explorer*, https://data-explorer.oecd.org/s/2t8.

En el último decenio, el tamaño de la flota ha crecido de forma significativa, con un aumento de la cantidad de embarcaciones del 152 % entre 2012, cuando había 7192 buques registrados, y 2022, cuando había 18 163 buques registrados. Los buques con una eslora total inferior a 12 m constituyen la categoría que más ha crecido (un 175 %), seguidos de los buques de la categoría de entre 12 y 24 m (un 124 %) (Gráfico 1.12) [3]. Además, estos aumentos son todavía más pronunciados si comparamos los datos con los del año 2000, cuando la cantidad total de embarcaciones era 2 194.

Gráfico 1.12. Cantidad de buques de la flota pesquera en Perú, 2012 y 2022

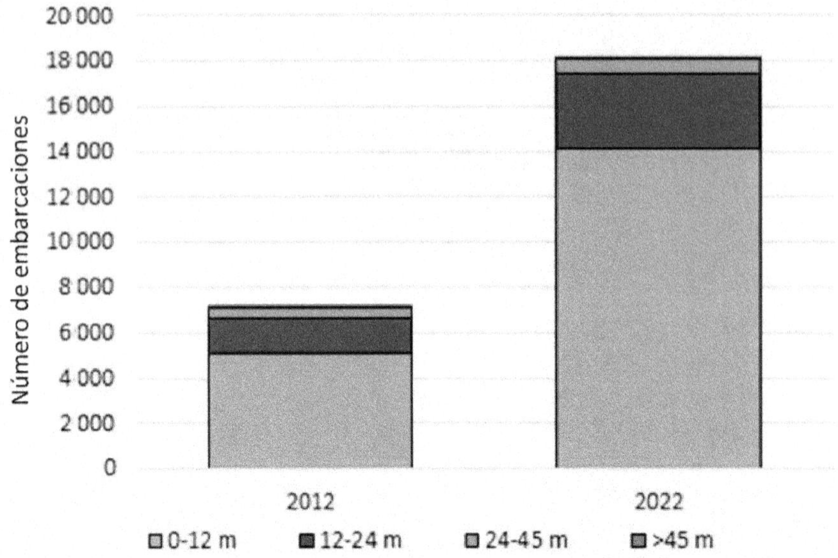

Fuente: OECD (2024[23]), "Fishing fleet", *OECD Data Explorer*, https://data-explorer.oecd.org/s/2t8.

La capacidad total de la flota también aumentó de manera sustancial durante el último decenio, al crecer un 44 % entre 2012 (345 271 AB) y 2022 (498 559 AB). El crecimiento del arqueo bruto siguió la misma tendencia que la cantidad de embarcaciones, siendo la categoría de >12 m de eslora total la que registró el mayor incremento entre 2012 y 2022 (+131 %), seguida de la categoría de entre 12 y 24 m, con un aumento del 111 %. Los buques de mayor tamaño registraron los aumentos más modestos, con un 18 % en el caso de la categoría de 24 a 45 m y un 9 % en el de las embarcaciones de más de 45 m entre 2012 y 2022 (Gráfico 1.13).

Gráfico 1.13. Capacidad total de arqueo bruto de la flota de pesca marítima en Perú, 2012 y 2022

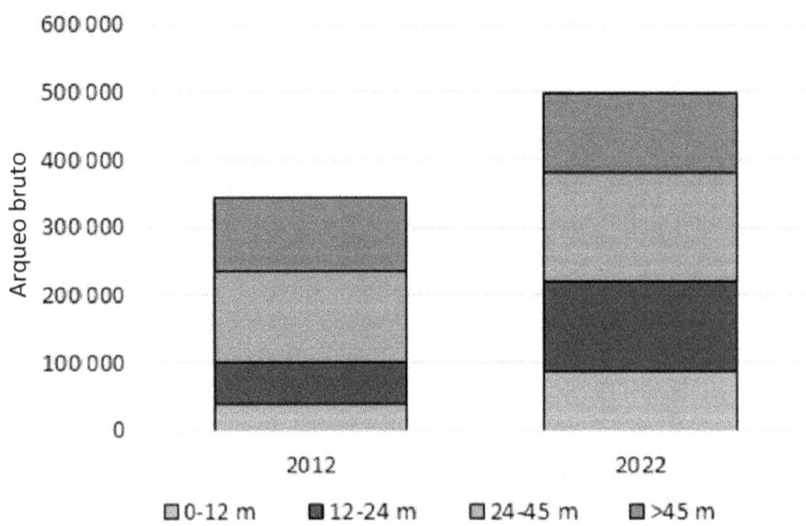

Fuente: OECD (2024[23]), "Fishing fleet", *OECD Data Explorer*, https://data-explorer.oecd.org/s/2t8.

Utilizando la clasificación de la flota peruana (en lugar de las clases por eslora), la flota artesanal aumentó de manera considerable en términos de cantidad (un incremento medio del 110 %) y AB (un incremento medio del 90 %) entre 2012 y 2022. De la misma manera, la motorización de los buques creció de forma sustancial, de modo que, en 2022, representaba el 89 % de la flota artesanal, lo que se debe a los nuevos buques a motor que se incorporaron a la flota y a las embarcaciones existentes que se adaptaron con motores (De la Puente et al., 2020[24]; IMARPE, 2024[19]).

El pronunciado incremento de la cantidad total de embarcaciones y del AB total de la flota entre 2012 y 2022 se debe en parte a los procesos de formalización que llevó a cabo el Gobierno peruano, logrando así la visibilización en las estadísticas de los buques y pescadores que antes operaban de modo informal. Las iniciativas de formalización tienen por objeto velar por que todas las embarcaciones estén incluidas en el Registro Único de Embarcaciones Pesqueras de PRODUCE y obtener datos sobre las características generales de los buques, incluidas las artes de pesca y la capacidad4. Debido a este proceso, resulta difícil calcular cuántas embarcaciones nuevas se incorporaron realmente a la flota en el último decenio.

1.4. Pesca de captura continental

En 2022, la producción total de pesca continental en Perú fue de 28 476 t, con un valor de 48 millones de USD. Entre 2012 y 2022, el volumen de la producción de pesca continental disminuyó un 15 %, con un promedio anual de 25 000 t (Gráfico 1.14). Los datos históricos también subrayan esta tendencia a la baja, ya que la pesca continental produjo un promedio de 39 000 t al año entre 2002 y 2012, y registró un pico de producción en 1995 con más de 50 000 toneladas.

Gráfico 1.14. Producción total de la pesca continental en Perú, 2012-2022

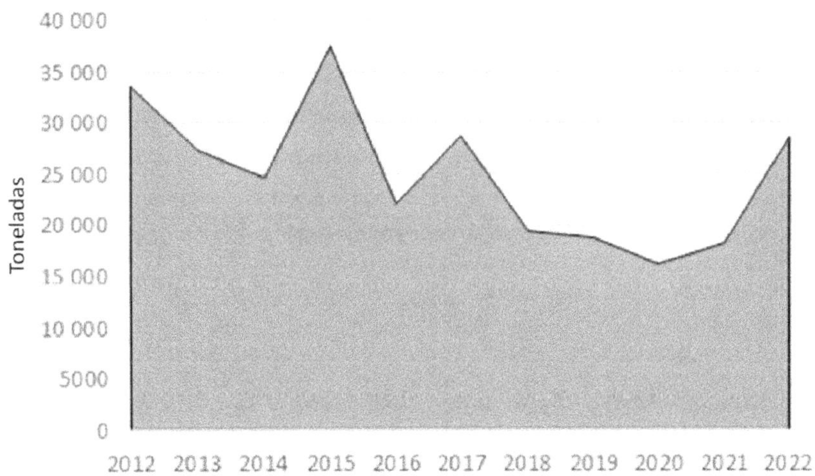

Fuente: OECD (2024[25]), "Inland fisheries", *OECD Data Explorer*, https://stats.oecd.org/Index.aspx?DataSetCode=FISH_INLAND. Los datos se obtuvieron de la FAO.

En 2022, Perú habría sido el tercer productor más grande de pesca continental de los países miembros de la OCDE en términos de volumen (Gráfico 1.15).

Gráfico 1.15. Producción de la pesca continental por volumen en Perú y los 20 primeros países miembros de la OCDE, 2022

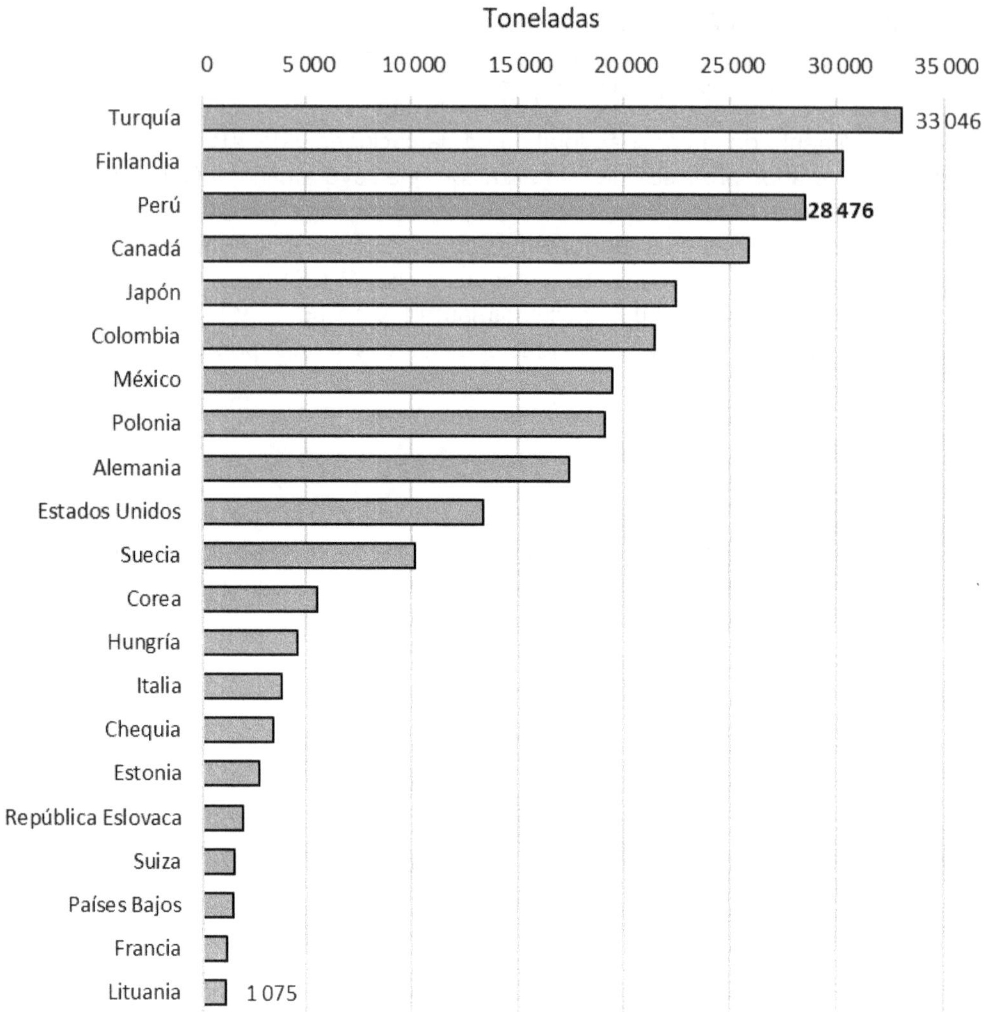

Notas: Información no disponible para Portugal. Por motivos de maquetación, el gráfico solo incluye los 20 primeros países miembros de la OCDE.
Fuente: OECD (2024[25]), "Inland fisheries", *OECD Data Explorer*, https://stats.oecd.org/Index.aspx?DataSetCode=FISH_INLAND. Los datos se obtuvieron de la FAO.

La pesca en agua dulce en Perú tiene lugar en ríos, lagos y lagunas, principalmente en la cuenca amazónica, la cuenca del lago Titicaca y los ríos y lagunas de la vertiente del océano Pacífico. Es geográficamente dispersa, con 325 puntos de desembarque señalados a lo largo del país. También es diversa desde el punto de vista biológico, ya que se han identificado unas 1 300 especies (Ortega et al., 2012[26]). Una parte importante de la actividad de la pesca continental es estacional (en la región de la Amazonía tiene lugar a lo largo de 6 a 8 meses al año), y la pesca se produce fundamentalmente durante la estación seca (Government of Peru, 2024[14]; FAO, 2023[27]).

Las principales especies de captura de pesca continental en términos de volumen son el boquichico (*Prochilodus nigricans*), con un 9 % de los desembarques totales en 2022; la palometa (*Metynnis hypsauchen*), con una representación del 4 % de los desembarques; el pacú (*Piaractus brachypomus*), con una proporción del 3,7 %; el paiche (*Arapaima gigas*), con un 1,3 %; y la gamitana (*Colossoma macropomum*) y el maparete (*Epapterus dispilurus*), ambos con un 1 % (OECD, 2024[28]).

Las actividades pesqueras continentales pueden tener fines comerciales o de subsistencia. Las actividades pesqueras continentales de carácter comercial exigen una licencia de pesca y el cumplimiento de determinados requisitos en materia de presentación de información. Para la pesca de subsistencia, que se define como la captura de recursos pesqueros para consumo doméstico, no existen requisitos de presentación de información.

Existen importantes lagunas de información sobre las capturas totales (tanto para autoconsumo como para fines comerciales), el esfuerzo de pesca y el número de buques. De la misma forma, existe muy poca información relacionada con el estado biológico de la pesca continental. En general, debido a la falta de estudios y datos a largo plazo, no es posible evaluar de manera eficaz los vínculos entre las poblaciones de peces, la variabilidad ambiental y el esfuerzo de pesca en las principales pesquerías continentales, un problema que han subrayado diferentes organizaciones científicas pertinentes, como el IMARPE y la FAO.

Una parte significativa (el 75 %) de la producción pesquera continental se destina al consumo de las comunidades locales, y no a fines comerciales (FAO, 2023[27]), y representa una de sus fuentes de proteínas de mayor importancia. La mayoría del pescado (más del 92 %) se consume o se vende fresco, mientras que solo una pequeña parte se cura. Las demás formas de procesamiento, como las conservas, mantienen una representación mínima debido al escaso acceso a tecnologías de procesamiento y almacenamiento, así como a las restricciones de comercialización, que dan lugar a unos precios poco competitivos. Sin embargo, recientemente las instituciones gubernamentales se han esforzado por promover las actividades de procesamiento y ampliar la comercialización de la producción de la pesca continental. Le pesca de especies ornamentales también es una práctica habitual en las aguas continentales, principalmente con fines de exportación, y, en especial, tiene lugar en la cuenca amazónica, donde constituye una fuente importante de empleo e ingresos.

La pesca continental es al mismo tiempo una gran fuente de empleo e ingresos, en particular para las comunidades rurales e indígenas. Según las estimaciones del Gobierno de Perú, en 2022 había 21 000 pescadores activos (PRODUCE, 2023[1]; Government of Peru, 2024[14]), lo que representa alrededor del 16 % del empleo total en el sector de la pesca y la acuicultura. Muchos de esos pescadores complementan sus ingresos con otras actividades económicas, como la agricultura y la cría de ganado (Paredes et al., 2024[20]).

References

Ambiente, M. (ed.) (2012), *Lista anotada de los peces de aguas continentales del Perú: Estado actual del conocimiento, distribución, usos y aspectos de conservación*, Ministerio del Ambiente, Dirección General de Diversidad, https://www.researchgate.net/publication/274193558_Lista_anotada_de_los_peces_de_aguas_continentales_del_Peru_Estado_actual_del_conocimiento_distribucion_usos_y_aspectos_de_conservacion. [26]

Coayla, E. et al. (2023), "Industrial marine fishing in the face of climate change in Peru", *Journal of Marine Sciences*, Vol. 2023/1, pp. 1-10, https://doi.org/10.1155/2023/9984319. [7]

De la Puente, S. et al. (2020), "Growing into poverty: Reconstructing Peruvian small-scale fishing effort between 1950 and 2018", *Frontiers in Marine Science*, Vol. 7, https://doi.org/10.3389/fmars.2020.00681. [24]

FAO (2024), "Consumption of aquatic products", *FishStat database*, https://www.fao.org/fishery/en/collection/global_fish_consump (accessed on 10 December 2024). [2]

FAO (2024), *The State of World Fisheries and Aquaculture 2024*, Food and Agriculture Organization of the United Nations, Rome, https://doi.org/10.4060/cd0683en. [3]

FAO (2023), "Global capture production 1950-2020", *FishStatJ*, https://www.fao.org/fishery/en/statistics/software/fishstatj. [4]

FAO (2023), *La situación y tendencia de las pesquerías continentales de América Latina y el Caribe*, Food and Agriculture Organization of the United Nations, Rome, https://doi.org/10.4060/cc3839es. [27]

FAO (2022), *FishStat: Global Aquatic Trade Statistics 1976-2022*, http://www.fao.org/fishery/en/statistics/software/fishstatj (accessed on December 2024). [13]

Government of Peru (2024), *Review of Peru's fisheries and aquaculture: Policy information request for the background report informing the formal opinion of the OECD Fisheries Committee (COFI) on the accession of Peru to the Organisation*. [14]

Hilborn, R. and U. Hilborn (2019), *Ocean Recovery*, Oxford University Press, https://doi.org/10.1093/oso/9780198839767.001.0001. [8]

IMARPE (2024), *Informe ejecutivo "Cuarta encuesta estructural de la pesqueria artesanal en el litoral peruano, ENEPA IV 2022-2023"*, Ministry of Production, https://cdn.www.gob.pe/uploads/document/file/6908889/5966295-cuarta-encuesta-estructural-de-la-pesqueria-artesanal-en-el-litoral-peruano-enepa-iv-2022-2023.pdf. [19]

OECD (2025), *Draft OECD Economic Survey: Peru 2025*, OECD Publishing, Paris, https://one.oecd.org/document/ECO/EDR/ACS(2025)2/en/pdf. [21]

OECD (2025), *OECD Review of Fisheries 2025*, OECD Publishing, Paris, https://doi.org/10.1787/560cd8fc-en. [18]

OECD (2024), "Aquaculture production", *OECD Data Explorer*, http://stats.oecd.org/wbos/default.aspx?datasetcode=FISH_AQUA. [6]

OECD (2024), "Employment in fisheries, aquaculture and processing", *OECD Data Explorer*. [17]

OECD (2024), "Fishing fleet", *OECD Data Explorer*, https://data-explorer.oecd.org/s/2t8. [23]

OECD (2024), "Inland fisheries", *OECD Data Explorer*, https://stats.oecd.org/Index.aspx?DataSetCode=FISH_INLAND. [25]

OECD (2024), "International trade of fisheries commodities", *OECD Data Explorer*. [16]

OECD (2024), "Marine landings", *OECD Data Explorer*, http://stats.oecd.org/wbos/default.aspx?datasetcode=FISH_LAND. [5]

OECD (2024), *OECD Data Explorer: Fisheries and Aquaculture*, https://data-explorer.oecd.org/?fs[0]=Topic%2C1%7CAgriculture%20and%20fisheries%23AGR%23%7CFisheries%20and%20aquaculture%23AGR_FSA%23&pg=0&fc=Topic&bp=true&snb=6. [28]

OECD (2023), *OECD Economic Surveys: Peru 2023*, OECD Publishing, Paris, https://doi.org/10.1787/081e0906-en. [9]

OECD/FAO (2024), *OECD-FAO Agricultural Outlook 2024-2033*, OECD Publishing, Paris/Food and Agriculture Organization of the United Nations, Rome, https://doi.org/10.1787/4c5d2cfb-en. [12]

Paredes, C. et al. (2024), *La pesca en el Perú: Una ruta hacia un futuro próspero y sostenible*, Universidad Continental, Fondo Editorial, Huancayo, Peru, https://doi.org/10.18259/978-612-4443-64-0. [20]

PRODUCE (2025), *Embarcaciones pesqueras registradas*, https://consultasenlinea.produce.gob.pe/ConsultasEnLinea/consultas.web/embarcacion. [22]

PRODUCE (2024), *Anuario estadistico pesquero y Acuicola 2023*, Ministry of Production, San Isidro, Lima, https://www.producempresarial.pe/anuario-estadistico-pesquero-y-acuicola-2023. [10]

PRODUCE (2023), *Anuario estadístico pesquero y acuícola 2022*, Ministry of Production, https://ogeiee.produce.gob.pe/index.php/en/shortcode/oee-documentos-publicaciones/publicaciones-anuales/item/1116-anuario-estadistico-pesquero-y-acuicola-2022. [1]

PRODUCE (2023), *National Aquaculture Policy to 2030*, Ministry of Production, https://rnia.produce.gob.pe/wp-content/uploads/2023/01/POLITICA-NACIONAL-DE-ACUICULTURA.pdf. [15]

PROMPERU (2023), *Desenvolvimiento del comercio exterior: Pesquero y acuicola, 2023*, Trade, Tourism and Investment Commission of Peru, https://recursos.exportemos.pe/desenvolvimiento-del-comercio-exterior-pesquero-y-acuicola-2023.pdf.pdf. [11]

Notas

[1] ENOS es un fenómeno climático mundial derivado de la variación de los vientos y las temperaturas de la superficie del mar a lo largo del océano Pacífico tropical. Dichas variaciones tienen un patrón irregular, pero los episodios de El Niño se producen cada entre 2 y 7 años, y duran entre 9 meses y 2 años. La fase de calentamiento de la temperatura de la superficie del mar se conoce como El Niño y la fase de enfriamiento, como La Niña. La Oscilación del Sur es la consiguiente oscilación atmosférica, que se suma al cambio de temperatura del mar.

[2] Según el Decreto Supremo 012 de 2001, las embarcaciones por debajo del límite de capacidad de carga de 32,5 m^3, entre otros criterios, se consideran artesanales.

[3] Estas categorías se corresponden aproximadamente con los buques en pequeña escala y artesanales de la clasificación peruana.

[4] Decreto Legislativo 1392 de 2018.

2 Gobernanza de la pesca en Perú

En este capítulo, se describen las dimensiones institucionales y jurídicas del sector peruano de la pesca y la acuicultura. El Ministerio de la Producción (PRODUCE) se encarga de la gobernanza de la pesca, con el apoyo del IMARPE, de SANIPES, del FONDEPES y de los gobiernos regionales. La Ley General de Pesca constituye el marco reglamentario básico, complementado por 13 Reglamentos de Ordenamiento Pesquero específicos por especies y regiones. Aunque existen mecanismos de coordinación institucional, los gobiernos regionales se enfrentan a importantes déficits de capacidades y recursos, lo que puede afectar a la aplicación efectiva y la presentación de datos de la flota artesanal. Perú participa de manera activa en la pesca internacional en calidad de miembro de organismos regionales de pesca como la CIAT y la SPRFMO, y en la aplicación de los acuerdos internacionales más pertinentes del sector. Sin embargo, la inestabilidad política ha dado lugar a una elevada rotación entre los principales responsables de la toma de decisiones, lo que debilita la planificación a largo plazo. Pese a los retos persistentes que existen en torno a la informalidad, la limitada capacidad regional y la colaboración de las partes interesadas en ciertas regiones, los sistemas peruanos de gobernanza son sólidos y garantizan que el sector está, en general, bien regulado.

Conclusiones clave

- En Perú, el Ministerio de la Producción (en adelante, PRODUCE) es la institución competente en lo que a políticas de pesca y acuicultura se refiere. Posee competencia exclusiva sobre la ordenación de la pesca y la acuicultura en mediana y gran escala. Asimismo, comparte competencias con los gobiernos regionales y locales en lo que respecta a la pesca artesanal y la pesca tradicional ancestral, y a la microacuicultura, la acuicultura en pequeña escala y la acuicultura con recursos limitados.
- PRODUCE recibe el respaldo de un organismo público de ejecución, el Fondo Nacional de Desarrollo Pesquero (FONDEPES), y de tres organismos técnicos independientes de carácter especializado, el Instituto del Mar del Perú (IMARPE), la Autoridad Nacional de Sanidad e Inocuidad en Pesca y Acuicultura (SANIPES), y el Instituto Tecnológico de la Producción (ITP).
- En Perú, la Ley General de Pesca y su Reglamento (Decreto Supremo núm. 012-2001-PE) establecen los marcos jurídicos generales para la pesca en el plano nacional. Está complementada por los Reglamentos de Ordenamiento Pesquero (ROP), normativas específicas para diferentes especies, grupos de especies de interés comercial o regiones concretas.
- Existen determinados mecanismos de coordinación horizontal entre PRODUCE y las demás instituciones nacionales, como la Comisión de Coordinación Viceministerial, dependiente del Consejo de Ministros, que mejora el diálogo, facilita la toma de decisiones y permite la creación colectiva de proyectos de leyes multisectoriales.
- Perú posee buenos mecanismos para integrar los datos científicos en la formulación de políticas pesqueras y acuícolas. El IMARPE es el responsable de llevar a cabo investigaciones científicas y tecnológicas sobre el mar y las aguas continentales. Una de sus funciones básicas consiste en dotar a PRODUCE de los fundamentos científicos necesarios para la administración racional de los recursos marinos y continentales. Esto se logra mediante la reunión de datos biológicos; la evaluación del estado de las poblaciones de peces; el seguimiento de las especies marinas, las actividades pesqueras, los desembarques y las capturas accesorias; y la evaluación de la capacidad de carga de las masas de agua para la acuicultura.
- Perú es una Parte Contratante, un país adherente o un observador en diferentes organizaciones regionales de ordenación pesquera (OROP) y órganos pesqueros de la región, entre los que cabe destacar la Comisión Interamericana del Atún Tropical y la Organización de Ordenación Pesquera Regional del Pacífico Sur. Como tal, participa de manera activa en la cooperación internacional en materia de ordenación pesquera. Perú presenta datos y colabora en las investigaciones, al tiempo que utiliza los informes, las recomendaciones y los instrumentos de esos órganos para fundamentar las políticas pesqueras del plano nacional.

Recomendaciones

- Fortalecer las iniciativas de colaboración vertical para garantizar una coordinación eficaz con los gobiernos regionales y locales en materia de pesca, con esfuerzos específicos por asegurar una delegación de responsabilidades efectiva y clara entre las instituciones.
- Mejorar las iniciativas encaminadas a velar por que las comunidades costeras y continentales (sobre todo en la región de la Amazonía) estén informadas de los últimos avances en las políticas pesqueras y participen de manera activa en el proceso de formulación de políticas cuando sea necesario, a fin de facilitar la aplicación de estas.

2.1. Gobernanza institucional nacional

2.1.1. El Ministerio de la Producción y el Viceministerio de Pesca y Acuicultura son los responsables de la formulación de la política pesquera

PRODUCE es la institución competente en lo que a las políticas públicas de pesca y acuicultura se refiere, y también es la responsable de las empresas industriales y las pequeñas y medianas empresas[1]. Posee competencia exclusiva sobre la ordenación de la pesca, las políticas en materia de pesca industrial y la acuicultura en mediana y gran escala. Asimismo, comparte competencias con los gobiernos regionales y locales en lo que respecta a la pesca artesanal y la pesca tradicional ancestral y a la microacuicultura, la acuicultura en pequeña escala y la acuicultura con recursos limitados.

Dentro de PRODUCE, el Viceministerio de Pesca y Acuicultura (antes, Ministerio de Pesquería, denominación que todavía figura en la Ley General de Pesca y su Reglamento) es el responsable de la formulación, la planificación, la dirección, la coordinación, la ejecución y la supervisión del cumplimiento de las políticas pesqueras y acuícolas en el plano nacional a través de seis direcciones[2].

Para ejercer sus competencias, PRODUCE recibe apoyo de un organismo público de ejecución, el FONDEPES, y de tres órganos técnicos independientes de carácter especializado (el IMARPE, SANIPES y el ITP) (Gráfico 2.1). Los organismos trabajan con autonomía técnica, financiera y administrativa, pero están sujetos al marco de reglamentación de la pesca y la acuicultura. Por lo tanto, operan de conformidad con la política, los planes y los objetivos dictados por PRODUCE.

- El FONDEPES presta apoyo técnico, económico y financiero para promover y desarrollar la pesca artesanal y la acuicultura tanto en aguas marinas como continentales. Ofrece programas de créditos para el desarrollo de infraestructura; asesoría empresarial; y dotación de materiales, equipos, artes y aparejos de pesca (véase el capítulo 4 para obtener más información sobre el apoyo gubernamental a la pesca). También organiza formaciones y brinda asistencia técnica a través de tres centros de formación pesquera y seis centros de acuicultura. Por otra parte, pone en práctica proyectos de inversión para la construcción o modernización de zonas de desembarque para la pesca artesanal.
- El IMARPE se dedica a la investigación científica y el estudio del mar peruano y sus recursos (Recuadro 2.2). Ayuda al sector gubernamental en la toma de decisiones relativas al uso sostenible de los recursos pesqueros y la conservación marina. Estudia las relaciones entre los recursos pesqueros, el medio ambiente y las actividades pesqueras, proporcionando asesoramiento científico para la ordenación responsable y la protección de la diversidad biológica.
- SANIPES es la responsable de la sanidad y la inocuidad de la producción pesquera y acuícola. Garantiza el cumplimiento de las reglamentaciones en materia de sanidad y calidad de los productos pesqueros, inocuidad e higiene de la pesca industrial, y preservación del medio ambiente. Para ello, existen siete laboratorios en todo el país, los cuales cuentan con infraestructura y equipos de última generación. Se realizan pruebas conforme a las directrices de la norma internacional ISO/IEC 17205, las cuales forman parte de las responsabilidades de SANIPES en materia de control y supervisión oficiales de los productos que se comercializarán a nivel nacional e internacional, velando por su inocuidad y salvaguardando la salud pública. SANIPES ayuda igualmente a PRODUCE al proponer políticas sanitarias, al crear y actualizar las reglamentaciones, y al velar por el buen funcionamiento de las infraestructuras pesqueras y acuícolas. Además, ofrece formación a los agentes públicos y privados, y tiene la responsabilidad de supervisar los accidentes ambientales y la contaminación de los productos pesqueros y acuícolas para consumo humano.
- El ITP es el responsable de la investigación, el desarrollo, la innovación, la adaptación, la transformación y la transferencia de tecnología con el objeto de maximizar la utilización de los

recursos y mejorar la competitividad del sector de la producción. Entre sus funciones se encuentran la formulación y aprobación de reglamentaciones, estrategias y proyectos relacionados con la investigación tecnológica, la innovación y el fomento de la capacidad en el sector de la producción. También coordina, guía y certifica los Centros de Innovación Productiva y Transferencia Tecnológica (CITE), que incluyen un CITE especializado en la pesca y la acuicultura. Los CITE son órganos descentralizados del ITP que mejoran la productividad y la competitividad a través de formación; asistencia técnica; adopción de tecnologías; y actividades de investigación, desarrollo e innovación.

Gráfico 2.1. Gobernanza institucional del sector pesquero peruano

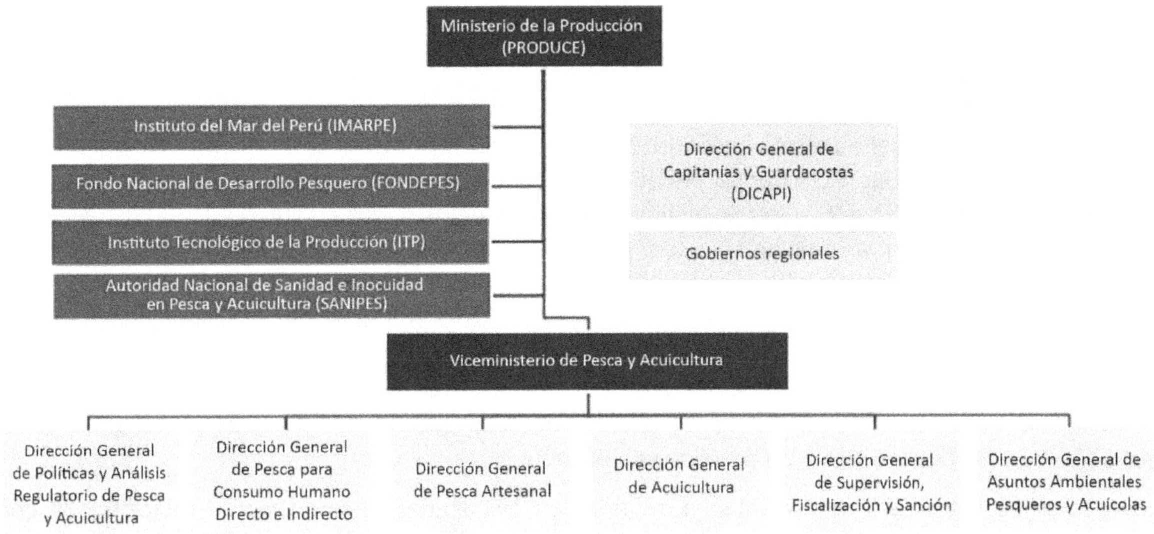

Nota: Los órganos institucionales adscritos al Ministerio de la Producción son organismos especializados que trabajan con autonomía técnica, económica y administrativa, pero que están sujetos a la política, los planes y los objetivos fijados por dicho Ministerio.

En este contexto, PRODUCE, por medio del Viceministerio de Pesca y Acuicultura y los órganos institucionales adscritos a él, supervisa el cumplimiento de las reglamentaciones por las que se rigen todas las actividades pesqueras y acuícolas y su administración, incluidas las actividades directas e indirectas que utilizan recursos de las aguas marinas y continentales, en el plano nacional, lo que engloba lo siguiente:

- gestión y protección de los recursos biológicos en aguas marinas y continentales;
- gestión de la capacidad y la flota pesqueras;
- otorgamiento de concesiones para actividades acuícolas;
- expedición y tramitación de licencias, autorizaciones y permisos de pesca;
- seguimiento, control y vigilancia, lo que incluye inspecciones en el mar y en el puerto, de manera conjunta con la DICAPI;
- imposición de sanciones por infracciones de las reglas de ordenación;
- puesta en práctica de programas de adaptación y gestión del medio ambiente, estudios del impacto ambiental y máximos permitidos para las emisiones y la exposición de las plantas de procesamiento;
- vigilancia de la salud, la calidad, la higiene y la inocuidad.

2.1.2. Función de los gobiernos regionales

Los gobiernos regionales de Perú son los responsables de administrar la gobernanza de sus respectivas regiones con autonomía política, económica y administrativa[3]. Un total de 11 gobiernos regionales costeros, los cuales comprenden 77 provincias y 691 municipalidades, llevan a cabo sus actividades a través de direcciones regionales de la producción que se enmarcan dentro de los departamentos de desarrollo económico de cada uno de los gobiernos regionales.

Los gobiernos regionales desempeñan una función central en la puesta en práctica y la supervisión de la pesca y la acuicultura. Asimismo, poseen competencias compartidas con PRODUCE, en especial en la esfera de la pesca artesanal y la pesca tradicional ancestral y de la microacuicultura, la acuicultura en pequeña escala y la acuicultura con recursos limitados. Sin embargo, todavía existen ciertas deficiencias en cuanto a una separación clara de las competencias entre PRODUCE y los gobiernos regionales a medida que se desarrolla el proceso de descentralización (Paredes et al., 2024[1]; Interviews in the context of the Review, 2024[2]; World Bank, 2021[3]).

Los gobiernos regionales desempeñan tareas ligadas a la aplicación de las políticas pesqueras y acuícolas, como conceder autorizaciones y permisos pesqueros para la pesca artesanal y de subsistencia; supervisar y controlar las actividades pesqueras (con especial atención a la pesca artesanal y en colaboración con PRODUCE y otras instituciones pertinentes; véase el capítulo 6); y velar por el cumplimiento de las normas ambientales, técnicas y jurídicas. Por otra parte, gestionan la infraestructura pesquera y promueven la inversión privada y la investigación a nivel regional. De la misma forma, tienen la responsabilidad de garantizar el cumplimiento de las disposiciones de control sanitario de los productos hidrobiológicos para consumo directo en el mercado nacional, en coordinación con los organismos pertinentes del plano nacional. Bajo la dirección de PRODUCE, los gobiernos regionales también participan en la formulación y el diseño de los instrumentos que rigen la ordenación pesquera a fin de garantizar que se puedan poner en práctica con eficacia.

Los gobiernos regionales se enfrentan a importantes dificultades, esencialmente relacionadas con la escasez de recursos financieros y humanos, lo que obstaculiza su capacidad de llevar a cabo de manera eficaz las tareas que están bajo su responsabilidad. En especial, cuentan con una capacidad administrativa limitada, ya que carecen de recursos humanos especializados con conocimientos técnicos sobre la reglamentación y la ordenación pesqueras, lo que da lugar a una aplicación débil del marco jurídico (Paredes et al., 2024[1]; World Bank, 2021[3]). A su vez, esto produce importantes deficiencias en la presentación de información a PRODUCE y un uso limitado de las herramientas tecnológicas en las actividades de SCV.

Por último, se necesita una comunicación más sólida y constante entre PRODUCE y los diferentes gobiernos regionales para una aplicación eficaz y una mejora progresiva del marco jurídico nacional de políticas pesqueras y acuícolas, así como para una presentación y un intercambio de información adecuados con PRODUCE. La asistencia técnica y el fomento de la capacidad constantes por parte de PRODUCE, el IMARPE y otras instituciones pertinentes al personal competente en los gobiernos regionales son imprescindibles para mejorar los conocimientos y generar confianza.

2.2. Marco jurídico integral

La Ley General de Pesca y su Reglamento (Decreto Supremo núm. 012-2001-PE) establecen los marcos jurídicos generales para la pesca en el plano nacional. En virtud de la legislación, los recursos hidrobiológicos (es decir, marinos) de Perú son activos del patrimonio nacional administrados por el Estado, de modo que es responsabilidad del sector gubernamental regular íntegramente su gestión y explotación. Esto engloba todos los recursos marinos desde la línea de costa hasta 200 millas náuticas. El objetivo principal de la Ley General de Pesca y su Reglamento es regir la actividad pesquera para lograr un desarrollo sostenible de la producción como fuente de alimentos, empleo e ingresos, optimizando los beneficios económicos al tiempo que se preserva el medio ambiente y la diversidad biológica.

La Ley General de Pesca y su Reglamento define, entre otras cosas:

- los objetivos de la política pesquera;
- los métodos para gestionar y proteger los recursos hidrobiológicos renovables de la tierra y el mar;
- el método y las condiciones de la pesca industrial, en pequeña escala y artesanal;
- la gestión de las flotas pesqueras;
- la reunión de datos y su tratamiento;
- el método y las condiciones del procesamiento de pescado; de los sistemas de SCV; de las infracciones y sanciones del sector; y del seguimiento, el control y la protección del medio ambiente.

La Ley General de Pesca se complementa con la Ley General de Acuicultura (Decreto Legislativo núm. 1195, 2015) y su Reglamento (Decreto Supremo núm. 003-2016-PRODUCE).

La Ley General de Pesca también cuenta con disposiciones relativas a la participación en las organizaciones internacionales pertinentes para los proyectos pesqueros e internacionales que contribuyen a los objetivos de la política nacional de pesca. Asimismo, define de qué modo pueden acceder las embarcaciones registradas en el extranjero a los recursos hidrobiológicos (véase el capítulo 6).

2.2.1. La Ley General de Pesca se ha actualizado en tres ocasiones y se complementa con otros reglamentos sobre ordenación pesquera

La Ley General de Pesca se modificó en tres ocasiones: 1) en 2008, por medio del Decreto Legislativo 1027, relativo a la facultad de PRODUCE de conceder títulos para desarrollar actividades pesqueras; 2) en 2018, mediante el Decreto Legislativo 1393, que regula la prohibición de la pesca ilegal; y 3) en 2023, por medio de la Ley 31749[4], que reconoce la pesca tradicional ancestral y la pesca tradicional artesanal, y promueve su preservación dentro de las 5 primeras millas náuticas. La última reforma se puso en práctica para abordar nuevos problemas políticos, vacíos legales y críticas a la Ley (en especial, por parte de los pescadores y las organizaciones de la sociedad civil) (Interviews in the context of the Review, 2024[2])) en lo que respecta a las cuestiones de la ordenación de las poblaciones de peces; la gobernanza y la coordinación institucionales; el régimen de categorización de los pescadores; y las actividades de SCV de la pesca.

La ordenación pesquera cuenta con el respaldo de otros instrumentos jurídicos, a saber, los ROP. Los ROP son Reglamentos de Ordenamiento Pesquero en vigor que son específicos para determinadas especies o grupos de especies de interés comercial o particular. También hay ciertos ROP vigentes para regiones o zonas concretas sometidas a una elevada presión pesquera o con problemas de explotación de los recursos. Los ROP los define y los aprueba PRODUCE, que especifica los regímenes de acceso; las CTP; el esfuerzo de pesca definido como tamaño de la flota; las temporadas de pesca y los períodos de pesca vedados; las tallas mínimas de captura; las zonas restringidas o reservadas; los métodos y sistemas de las artes de pesca; y las medidas de SCV necesaria. Los ROP tienen un estatuto indefinido. Por lo tanto, algunos ROP, como el del bacalao de profundidad (*Dissostichus eleginoides*), llevan desde 2001 en vigor (Resolución Ministerial 236-2001-PE). Los ROP se pueden modificar, derogar y sustituir según se considere necesario a raíz de sus revisiones periódicas. El caso más reciente de este tipo fue el del calamar gigante (*Dosidicus gigas*), para el que se aprobó un nuevo ROP en marco de 2025 (Decreto Supremo 003-2025-PRODUCE). A mediados de 2025, fecha de redacción del presente informe, había 13 ROP en vigor, de los cuales 8 estaban centrados en determinadas especies comerciales y 5 presentaban un diseño espacial o englobaban pesquerías de múltiples especies (Cuadro 2.1).

Cuadro 2.1. Reglamentos de Ordenamiento Pesquero por especie y región en Perú, mediados de 2025

Reglamento de Ordenamiento Pesquero	Flota industrial	Flota en pequeña escala	Flota artesanal	Región
ROP de la Amazonía (D. S. 015-2009-PRODUCE)		x	x	Aguas continentales
ROP del Recurso Anchoveta para CHD (D. S. 005-2017-PRODUCE)		x	x	Aguas marinas
ROP del Bacalao de Profundidad (R. M. 236-2001-PE)	x	x		Aguas marinas
ROP de Jurel y Caballa (D. S. 011-2007-PRODUCE)	x			Aguas marinas
ROP de las Macroalgas (D. S. 019-2009-PRODUCE)			x	Aguas marinas
ROP del Recurso Merluza (D. S. 016-2003-PRODUCE)	x			Aguas marinas
ROP del Recurso Calamar Gigante (D. S. 003-2025-PRODUCE)	x			Aguas marinas
ROP de Tumbes (D. S. 020-2011-PRODUCE)		x	x	Aguas marinas
ROP de Titicaca (D. S. 023-2008-PRODUCE)				Aguas continentales
ROP de los Recursos Invertebrados Marinos Bentónicos (D. S. 018-2021-PRODUCE)			x	Aguas marinas
ROP del Recurso Perico (D. S. 17-2021-PRODUCE)	x	x	x	Aguas marinas
ROP del Atún (D. S. 009-2022-PRODUCE)	x			Aguas marinas
ROP del Recurso Anguila (D. S. 018-2024-PRODUCE)		x		Aguas marinas

Nota: ROP: Reglamento de Ordenamiento Pesquero; CHD: consumo humano directo.

2.2.2. Permisos y derechos pesqueros para la pesca marítima

Existen dos regímenes generales de explotación pesquera para la pesca marina peruana: la pesca comercial y no comercial. El acceso a los recursos pesqueros en aguas marinas se regula a través de permisos de pesca concedidos por PRODUCE, excepto en el caso de la pesca de subsistencia y deportiva sin embarcación (cuadro 2.2). Actualmente hay tres niveles reconocidos de esfuerzo de pesca en la categoría de pesca comercial: artesanal, en pequeña escala e industrial o en gran escala. El permiso artesanal permite pescar todo tipo de especies marinas en la jurisdicción marítima peruana (a menos que se indique lo contrario en las disposiciones los ROP específicos). Los buques pesqueros autorizados figuran en el Registro General de Pesquería, al que pueden acceder las autoridades portuarias para comprobar que las embarcaciones pesqueras están autorizadas a navegar.

Cuadro 2.2. El régimen de explotación pesquera y sus categorías en Perú

Régimen de explotación pesquera	Categorías	Unidad de esfuerzo	Descripción
Comercial	Artesanal	Con o sin embarcación; con predominio del trabajo manual	Hasta 32,6 m3 de capacidad de carga y 15 m de eslora total
	Menor escala	Embarcaciones pequeñas y equipos mecanizados	Hasta 32,6 m3 de capacidad de carga
	Industrial o mayor escala	Buques pesqueros industriales	Más de 32,6 m3 de capacidad de carga
No comercial	Investigación científica		Pesca exploratoria para obtener evidencias científicas que fundamenten la ordenación pesquera o el desarrollo integral de una posible pesquería
	Pesca deportiva		Actividad pesquera con fines de recreación o turismo
	Subsistencia		Actividad pesquera con fines de trueque o consumo doméstico

Fuente: Government of Peru (1992[4]), *General Fisheries Law*, https://spij.minjus.gob.pe/spij-ext-web/#/detallenorma/H757193.

Además del permiso, todas las actividades pesqueras están sujetas a la obtención de derechos de pesca, que se conceden una vez abonadas las tasas de los derechos en cuestión (Cuadro 2.3). Por otra parte, los propietarios de buques industriales y flota en pequeña escala deben pagar a PRODUCE una tasa de pesca correspondiente a un porcentaje del valor total de los desembarques (por lo general, un 0,058 % por tonelada extraída según la Ley General de Pesca y su Reglamento). Cada año, los propietarios de buques industriales y flota en pequeña escala tienen que presentar una declaración jurada ante PRODUCE (normalmente en enero) con las capturas totales de la temporada de pesca para calcular los impuestos de los derechos de pesca. Estas capturas se comparan con el volumen total descargado en las plantas de procesamiento registradas. Las discrepancias superiores al 3 % son objeto de multas que van desde el aumento de las tasas hasta la suspensión del permiso.

Cuadro 2.3. Tipos de derechos de pesca en Perú

Derechos de pesca	Actividades pesqueras aplicables
Permiso	Para la operación de embarcaciones de pesca de bandera nacional y extranjera
Licencia	Para la operación de plantas de procesamiento de productos pesqueros
Concesión	Para la administración y usufructo de la infraestructura pesquera del Estado

Fuentes: Decree-Law No 25977; Government of Peru (1992[4]), *General Fisheries Law*, https://spij.minjus.gob.pe/spij-ext-web/#/detallenorma/H757193.

2.2.3. *Pesca artesanal*

La legislación peruana define la pesca artesanal como la actividad extractiva realizada por personas físicas, grupos familiares o empresas artesanales (incluidas las cooperativas) mediante embarcaciones artesanales o técnicas sencillas, con predominio del trabajo manual y destinada al consumo humano directo (cuadro 2.4).

Cuadro 2.4. Clasificación de los pescadores artesanales según las definiciones de la legislación peruana

Clasificación global	Tipos de pescadores artesanales	Características
Personas físicas	Pescador artesanal	Persona que extrae recursos marinos mediante artes de pesca simples, con o sin una embarcación artesanal, para el consumo humano directo, excepto la recolección de algas. El pescador artesanal acredita su condición con un permiso de pescador o una licencia de buzo.
	Propietario de embarcación artesanal	El propietario o poseedor de una o más embarcaciones de pesca artesanales.
	Procesador artesanal	Persona que procesa los desembarques de recursos marinos utilizando instalaciones y técnicas sencillas para obtener productos manufacturados o preservados en unas condiciones adecuadas en cuanto a la sanidad y la calidad sin alterar el medio ambiente ni la salud humana.
Personas jurídicas	Empresa pesquera artesanal	Empresas constituidas bajo cualquier figura o modalidad legal cuya actividad sea artesanal, compuestas por pescadores, propietarios o procesadores artesanales.

Fuentes: Government of Peru (1992[4]), *General Fisheries Law*, https://spij.minjus.gob.pe/spij-ext-web/#/detallenorma/H757193; Supreme Decree 012-2001-PRODUCE (2021).

La Ley General de Pesca y su Reglamento promueve las capacidades de los pescadores, los procesadores y las organizaciones sociales artesanales a través de lo siguiente:

- la promoción del espíritu empresarial, la gestión, la transferencia de tecnología y la formación;
- la concesión de líneas especiales de crédito para desarrollar actividades pesqueras artesanales;
- la promoción del acceso a los sistemas de seguridad social;
- el desarrollo de infraestructura y equipos básicos por medio del Fondo Nacional de Desarrollo Pesquero;
- la exención del pago de las tasas de los derechos de pesca ligados a las concesiones, las autorizaciones, los permisos de pesca y las licencias para las personas físicas y jurídicas que se dedican a actividades artesanales;
- la exención para dichas personas de los requisitos de autorización de aumento de la flota (artículo 35 del Decreto Supremo núm. 012-2001-PRODUCE).

Recuadro 2.1. Reconocimiento de la pesca tradicional ancestral y la pesca tradicional artesanal

En 2023, la Ley General de Pesca y su Reglamento se modificaron para reconocer la pesca tradicional ancestral y la pesca tradicional artesanal. La pesca tradicional ancestral comprende las embarcaciones tradicionales denominadas caballitos de totora, las canoas, los veleros artesanales y otras embarcaciones reconocidas por el Ministerio de Cultura. La pesca tradicional artesanal se redefine como una actividad con predominio del trabajo manual, que puede emplear o no una embarcación artesanal y que solo incluye métodos no destructivos y selectivos no mecanizados en sus operaciones, como las redes de cerco con jareta artesanales para especies destinadas al consumo humano directo. Todos los pescadores tradicionales y artesanales están incluidos en el nuevo Registro Nacional de Pescadores Tradicionales Ancestrales y el Registro Nacional de Pescadores Artesanales, con el fin de aplicar las políticas públicas para mejorar la calidad de vida de los pescadores artesanales y su acceso a los servicios públicos, el crédito, la educación, la formación y otros beneficios.

Los pescadores tradicionales ancestrales y artesanales disponen de zonas espaciales de pesca exclusivas dentro de las 5 primeras millas náuticas pegadas a la costa. Las actividades pesqueras industriales (p. ej., redes de arrastre, redes de tiro, dragas y redes de pesca mecanizadas) están prohibidas en esta zona debido a su efecto perjudicial en los ecosistemas costeros y en especies objetivo de otras pesquerías, que funcionan como zona de protección de la flora y la fauna. Además, las embarcaciones de funcionamiento mecanizado a menor escala (es decir, la flota con redes de cerco con jareta mecanizadas en pequeña escala) están prohibidas en las 3 primeras millas náuticas. Por otra parte, el Instituto del Mar del Perú y el Ministerio de la Producción (PRODUCE) establecen un límite de tolerancia máximo permitido por pesquería para las capturas accesorias e incidentales de las operaciones diarias.

De manera excepcional, PRODUCE puede autorizar actividades pesqueras de mayor escala (p. ej., pesca industrial) en las 5 millas náuticas y también zonas de extracción diferenciadas para actividades artesanales y en pequeña escala debido a las características geográficas de la costa. Existen algunos ejemplos en el Reglamento de Ordenamiento Pesquero de las Actividades Extractivas Artesanales y de Menor Escala del Ámbito Marítimo Adyacente al departamento de Tumbes, donde las redes de cerco con jareta artesanales están prohibidas, y en el ROP de la anchoveta, donde la utilización de redes de cerco con jareta está permitida a partir de 3 millas de la costa.

Fuentes: Supreme Decree N° 013-2024-PRODUCE; Law 31749 of 2023; Government of Peru (1992[4]), *General Fisheries Law*, https://spij.minjus.gob.pe/spij-ext-web/#/detallenorma/H757193, Supreme Decree No. 020-2011-PRODUCE; Supreme Decree 005-2017-PRODUCE.

2.3. Colaboración horizontal entre las instituciones gubernamentales de gobernanza pesquera en Perú

Existen buenos mecanismos institucionales en vigor para la coordinación, la consulta y la toma de decisiones con otras instituciones gubernamentales pertinentes implicadas en los asuntos pesqueros. Uno de los principales mecanismos de coordinación horizontal entre PRODUCE y las demás instituciones nacionales es la Comisión de Coordinación Viceministerial, dependiente del Consejo de Ministros, que mejora el diálogo, facilita la toma de decisiones y permite la redacción colectiva de leyes multisectoriales. De manera similar, PRODUCE colabora con otras instituciones con el fin de lograr de manera conjunta la aplicación eficaz de las políticas pesqueras, aportando así coherencia, previsibilidad y legitimidad a las políticas sectoriales. En particular, PRODUCE dispone de instrumentos jurídicos que ponen en práctica mecanismos para el intercambio de información y la presentación de informes periódicos dentro de las instituciones pertinentes.

Si bien el Viceministerio de Pesca y Acuicultura es el principal responsable de la gobernanza de la pesca y la acuicultura, algunos aspectos importantes recaen bajo la responsabilidad de otras instituciones del plano nacional (cuadro 2.5). En particular, la Dirección General de Capitanías y Guardacostas del Ministerio de Defensa (DICAPI) desempeña una importante función en la gobernanza de la pesca, ya que es la responsable de regular, planificar y supervisar todos los aspectos técnicos, operacionales y administrativos de las actividades en las zonas acuáticas y costeras. Por consiguiente, la DICAPI tiene la responsabilidad de dar el visto bueno a la navegación, expedir los permisos para la construcción de buques y realizar las actividades de SCV de los recursos hidrobiológicos en colaboración con PRODUCE (capítulo 6).

Cuadro 2.5. Coordinación y funciones institucionales relacionadas con la gobernanza de la pesca por parte de instituciones distintas del Ministerio de la Producción en Perú

Instituciones	Funciones
Ministerio de Agricultura	Responsable de la autorización del uso de masas de agua para actividades acuícolas y pesqueras, y de la conservación de la flora y la fauna.
Ministerio de Defensa: Dirección General de Capitanías y Guardacostas.	Responsable del registro, la inspección y el control de los pescadores y las embarcaciones pesqueras, y la capacitación del personal embarcado. Autorización de los propietarios de embarcaciones con permisos válidos y recogidos en el registro de buques autorizados para navegar. El Ministerio tiene la responsabilidad de controlar y proteger los recursos marinos, además de salvaguardar la seguridad de la vida humana en el mar y proteger el medio marino.
Ministerio de Educación	Responsable de la política de educación al consumidor orientada a incrementar el consumo de productos pesqueros per cápita.
Ministerio de Relaciones Exteriores	Responsable de coordinar los acuerdos o convenios pesqueros con organizaciones y organismos internacionales, multinacionales o intergubernamentales.
Ministerio del Interior	Contribuye al control y a la protección de los recursos marinos, con sujeción a las medidas de ordenación impuestas por el Ministerio de la Producción, en esferas donde PRODUCE no disponga de medios para realizar dichas funciones.
Ministerio de Trabajo y Promoción Social	Responsable del régimen laboral de los pescadores (en coordinación con el Ministerio de Defensa)

Fuentes: Information from Title X of Government of Peru (1992[4]), *General Fisheries Law*, https://spij.minjus.gob.pe/spij-ext-web/#/detallenorma/H757193 y Government of Peru (2001[5]), *General Regulation of the Fisheries Law*, http://www.gob.pe/uploads/document/file/418473/Decreto_Supremo_N°_012-2001-PE.pdf?v=1573142303.

2.3.1. Producción y uso de datos científicos en las políticas pesqueras

PRODUCE tiene la responsabilidad de definir los sistemas de ordenación pesquera y determina las herramientas de control de los insumos y los productos, por ejemplo, cuotas, temporadas, tallas mínimas, métodos y otras reglamentaciones, sobre la base de las evidencias científicas disponibles, facilitadas por el IMARPE y otras instituciones de investigación, y de los factores socioeconómicos, con miras a la preservación y la explotación racional de los recursos marinos (Government of Peru, 1992[4]; 2001[5]).

En particular, la Dirección General de Políticas y Análisis Regulatorio de Pesca y Acuicultura de PRODUCE es la responsable de proponer las asignaciones de cuotas de recursos hidrobiológicos basadas en las evidencias científicas facilitadas por el IMARPE.

El IMARPE es el responsable de llevar a cabo investigaciones científicas y tecnológicas sobre el mar y las aguas continentales. Una de sus funciones básicas consiste en dotar a PRODUCE de los fundamentos científicos necesarios para la administración racional de los recursos marinos y continentales. Esto lo logra mediante la reunión de datos biológicos; la evaluación del estado de las poblaciones de peces; el seguimiento de las especies marinas, las actividades pesqueras, los desembarques y las capturas accesorias; y la evaluación de la capacidad de carga de las masas de agua para la acuicultura.

El IMARPE supervisa de manera periódica las principales condiciones pesqueras y oceanográficas, con especial atención a la pesca de la anchoveta, el principal recurso marino de Perú, para la cual el IMARPE ha desarrollado el Protocolo «Elaboración de la tabla de decisión para la determinación del límite máximo de captura total permisible por temporada de pesca en la pesquería del stock Norte-Centro de la anchoveta peruana», como instrumento principal para facilitar asesoramiento científico a PRODUCE de cara a la toma de decisiones en materia de políticas. El IMARPE informa de los resultados de las evaluaciones de las poblaciones de anchoveta y formula recomendaciones de ordenación pesquera a PRODUCE antes del inicio de cada temporada de pesca. PRODUCE basa las decisiones que toma en las evidencias científicas facilitadas por el IMARPE. Otros recursos pesqueros que el IMARPE supervisa y evalúa de forma periódica son el jurel, la caballa, el bonito, el atún, el pez dorado, la merluza peruana y la anguila serpiente punteada (capítulo 3).

El IMARPE colabora con otras instituciones del plano nacional y con los gobiernos regionales suministrando datos y conocimientos científicos, y participando en proyectos conjuntos de gestión de los recursos marinos e intercambio de información y mejores prácticas.

A nivel internacional, el IMARPE representa a Perú en los organismos internacionales pertinentes, por ejemplo, las OROP. En este contexto, lleva a cabo de manera habitual programas conjuntos de investigación con institutos nacionales homólogos y participa en grupos de evaluación de poblaciones y grupos de trabajo científicos en organizaciones regionales como la Organización de Ordenación Pesquera Regional del Pacífico Sur (SPRFMO), la Comisión Interamericana del Atún Tropical (CIAT) y la Comisión Permanente del Pacífico Sur. El IMARPE dispone de acuerdos de cooperación con otras instituciones científicas e investigadoras, así como de programas de intercambio con diferentes instituciones académicas. Además, participa en varios ejercicios de fomento de la capacidad y formación.

Recuadro 2.2. El Instituto del Mar del Perú

El Instituto del Mar del Perú (IMARPE) se creó en 1963. Se trata de la principal institución responsable de las investigaciones científicas y tecnológicas de las aguas marinas y continentales, y de los recursos de estas.

Las investigaciones que lleva a cabo el IMARPE son multidisciplinarias, ya que engloban oceanografía, sedimentología, hidroacústica y cambio climático. A fin de ofrecer asesoramiento científico y técnico en materia de ordenación pesquera al Ministerio de la Producción, el IMARPE lleva a cabo un seguimiento científico y estudios de la pesca y sus relaciones con los ecosistemas acuáticos. También realiza evaluaciones del impacto de distintas actividades. Asimismo, el IMARPE posee un programa de observadores a bordo para controlar las tallas mínimas, tomar muestras tróficas, supervisar los descartes y reunir información sobre los efectos de la actividad pesquera en los mamíferos y las aves. Por último, el IMARPE también forma a los inspectores del ámbito de la pesca y ofrece formación ambiental a los pescadores y los propietarios de embarcaciones.

En el plano financiero, el IMARPE cuenta con un tope presupuestario anual del Ministerio de Economía y Finanzas. En 2024, la asignación presupuestaria fue de 27 millones de USD (98 millones de PEN). Entre sus otras fuentes de ingresos se encuentran la cooperación internacional y las contribuciones de las entidades privadas y públicas de los planos nacional o internacional. En los tres últimos ejercicios fiscales, alrededor del 1,5 % del presupuesto del IMARPE se obtuvo de donaciones de fuentes no públicas. Además, en 2024, se asignó un presupuesto extraordinario de 12,5 millones de USD para la construcción de un moderno buque de investigación científica.

Actualmente, el personal del IMARPE cuenta con 629 miembros y opera una flota compuesta por 3 buques de investigación para llevar a cabo sus actividades de investigación, sus estudios y sus evaluaciones de las poblaciones.

Gobernanza institucional del IMARPE

El IMARPE cuenta con 5 órganos rectores y 5 Direcciones Generales de Investigaciones especializadas. Los órganos rectores son el Consejo Directivo, el Órgano de Control Institucional, la Comisión Consultiva, la Dirección Ejecutiva Científica y la Secretaría General. Las cinco Direcciones Generales de Investigaciones son la Dirección General de Investigaciones y Recursos Pelágicos; la Dirección General de Investigaciones de Recursos Demersales y Litorales; la Dirección General de Investigaciones Oceanográficas y Cambio Climático; la Dirección General de Investigaciones en Acuicultura; y la Dirección General de Investigaciones en Hidroacústica, Sensoramiento Remoto y Artes de Pesca.

El Consejo Directivo es el órgano superior del IMARPE. Está compuesto de siete miembros y dirigido por el presidente ejecutivo del IMARPE, que actúa como director del Instituto. Los otros miembros son tres representantes del Ministerio de la Producción; un representante de la Universidad del Perú; un representante de la Marina peruana; y un representante del Consejo Nacional de Ciencia, Tecnología e Innovación. El Consejo Directivo tiene la responsabilidad de aprobar y supervisar todas las decisiones de gestión de carácter jurídico, operacional y estratégico. Determina y aprueba la política científica del Instituto, además de su presupuesto y su programa de investigación.

La Dirección Ejecutiva Científica está presidida por el gerente científico y es la principal autoridad encargada de coordinar las investigaciones científicas y tecnológicas. Es la responsable de liderar y supervisar los trabajos de las cinco Direcciones Generales de Investigaciones, y de cumplir los propósitos y objetivos del Instituto.

En los últimos años, el IMARPE se ha enfrentado a una serie de controversias en lo que respecta a su gobernanza y a la neutralidad del asesoramiento científico que presta (en concreto, en 2020, el IMARPE hizo frente a denuncias de corrupción, ya que se sospechaba que los funcionarios habían inflado la cuota de captura de la anchoveta durante la segunda temporada de pesca de 2019 y que habían filtrado información confidencial al sector (OANES, 2020[6]). A raíz de esto, se trabajó por reformar y modernizar la estructura orgánica del IMARPE a través de la promulgación del Decreto Legislativo núm. 1677, de 28 de septiembre de 2024, con el objeto de constituir la nueva ley rectora del IMARPE. Uno de los cambios principales es la nueva definición del método de nombramiento del presidente del Instituto. Originariamente, el Instituto estaba presidido por un almirante de la Marina jubilado nombrado por el presidente de Perú. El Decreto de Urgencia estableció que el presidente del

Instituto se elegiría por méritos, a través de concurso público. Para que el Decreto sea plenamente aplicable, PRODUCE debe aprobar el reglamento de ejecución, donde se describirán en mayor medida la estructura y la organización actualizadas del Instituto, el cual se encuentra en estos momentos en proceso de aprobación interna antes de su promulgación oficial.

Fuentes: https://repositorio.imarpe.gob.pe; Government of Peru (2024[7]), Review of Peru's fisheries and aquaculture: Policy information request for the background report informing the formal opinion of the OECD Fisheries Committee (COFI) on the accession of Peru to the Organisation; Interviews in the context of the Review (2024[2]), Interviews conducted with Peru's government representatives and stakeholders in the context of the Review.

2.4. La inestabilidad política repercute en la gobernanza de la pesca

Los últimos acontecimientos políticos que tuvieron lugar en Perú han causado cambios relativamente frecuentes a nivel ministerial y viceministerial, también en PRODUCE y otros organismos públicos que revisten relevancia para la pesca. Por ejemplo, entre 2020 y 2025, PRODUCE ha tenido 15 Ministerios de la Producción y 5 Viceministerios de Pesca y Acuicultura (cuadro 2.6), además de múltiples cambios en los directores generales responsables de la aplicación de políticas.

El alto nivel de rotación en la dirección ha dificultado la planificación a largo plazo del sector, en particular en lo que respecta a la reforma de las políticas en profundidad, y también ha generado la percepción de interrupción del continuo de elaboración de políticas (Gozzer-Wuest, Alonso-Población and Tingley, 2021[8]; Paredes et al., 2024[9]; Government of Peru, 2024[7]). Esto también puede afectar a las capacidades técnicas y al personal del sector, que está sujeto a cambios y ajustes constantes (OECD, 2023[10]).

Cuadro 2.6. Ministros del Ministerio peruano de la Producción entre 2019 y 2025

Ministro/a de la Producción	En ejercicio	Presidente/a
Rocío Barrios Alvarado	11/03/2019 a 15/07/2020	Martín Vizcarra
José Salardi Rodríguez	15/07/2020 a 10/11/2020	
Alfonso Miranda Eyzaguirre	12/11/2020 a 17/11/2020	Manuel Merino
José Luis Chicoma Lúcar	18/11/2020 a 28/07/2021	Francisco Sagasti
Yván Quispe Apaza	29/07/2021 a 06/10/2021	Pedro Castillo
Rogger Incio Sánchez	07/10/2021 a 17/11/2021	
Jorge Luis Prado Palomino	17/11/2021 a 25/11/2022	
Eduardo Mora Asnarán	25/11/2022 a 07/12/2022	
Sandra Belaunde Arnillas	10/12/2022 a 25/01/2023	Dina Boluarte
Raúl Pérez-Reyes Espejo	26/01/2023 a 06/09/2023	
Ana María Choquehuanca	06/09/2023 a 01/04/2024	
Sergio González Guerrero	01/04/2024 a la actualidad	

2.5. Participación de las partes interesadas en la formulación de políticas en Perú

La participación de las partes interesadas en la formulación de políticas pesqueras es importante para fundamentar el proceso y facilitar la aplicación de las políticas. El equilibrio de los distintos intereses, tanto del sector como de la sociedad en general, y los diferentes horizontes temporales suelen suponer un reto para los encargados de la formulación de las políticas pesqueras. En este contexto, es crucial contar con unos mecanismos transparentes para la participación de las partes interesadas a fin de lograr la legitimidad de las políticas pesqueras e integrar visiones integrales en el ciclo normativo (OECD, 2020[11]).

En líneas generales, Perú posee un marco jurídico bien desarrollado que regula y fomenta la participación de las partes interesadas en la Administración pública. Perú regula los mecanismos de participación ciudadana a través de la Ley de Transparencia y Acceso a la Información Pública (Ley núm. 27806 de 2003) y su Reglamento, en particular el Decreto 009-2024-JUS, recientemente actualizado, que establece disposiciones relativas a la publicidad, la publicación de proyectos normativos y la difusión de normas legales de carácter general. En virtud de ese decreto nuevo, la institución responsable de redactar un reglamento debe publicarlo en su sitio web o en otro medio, para garantizar que se divulgue de manera adecuada y sea de fácil acceso. Además, establece que las partes interesadas deben disponer de al menos 15 días naturales para formular comentarios o contribuciones (salvo situaciones particulares). PRODUCE publica en su sitio web oficial los proyectos de reglamentos sujetos a contribuciones y comentarios públicos.

Sobre la base de las directrices generales establecidas en la Ley de Transparencia, algunos sectores pueden adoptar mecanismos concretos para regular la participación aplicable de la ciudadanía. En el sector pesquero, no hay ningún reglamento específico que regule los mecanismos de participación ciudadana aplicables al sector.

Por otra parte, en 2015 las autoridades peruanas crearon un mecanismo para el diálogo público-privado conocido como mesas ejecutivas sectoriales. En estos momentos, las mesas ejecutivas están coordinadas por el Ministerio de Economía y Finanzas, y constituyen un mecanismo donde los principales funcionarios de los sectores en cuestión se reúnen de forma periódica con los representantes más importantes del sector privado, acreditados por sus respectivas organizaciones de productores. Estas mesas ejecutivas tratan de aumentar la productividad, abordar las dificultades y los cuellos de botella, y debatir las propuestas de reglamentos para los distintos sectores. Existen mesas ejecutivas para el sector de la pesca y la acuicultura, que reúnen a productores (industriales y artesanales), instituciones académicas y diferentes entidades gubernamentales competentes, como PRODUCE.

Además, en 2011, Perú estableció normas concretas para la consulta previa de los pueblos indígenas, de conformidad con el Convenio sobre Pueblos Indígenas y Tribales, 1989 (núm. 169) de la Organización Internacional del Trabajo. La Ley núm. 29785 establece que el Estado peruano debe consultar a los pueblos indígenas u originarios sobre las medidas legislativas o administrativas que afecten directamente a sus derechos colectivos, su existencia física, su identidad cultural, su calidad de vida o su desarrollo. Las autoridades deben identificar a los pueblos indígenas u originarios que se puedan ver afectados por esas medidas, informarlos de forma adecuada a través de métodos y procedimientos culturalmente apropiados, y tener en cuenta la geografía y el entorno en el que viven, prestando al mismo tiempo atención a su diversidad lingüística. La decisión final sobre la medida se debe justificar debidamente y se deben tener en cuenta las opiniones de los pueblos indígenas u originarios, analizando las consecuencias que tendría la medida en sus derechos colectivos.

Durante las entrevistas realizadas en el contexto de esta revisión técnica, los representantes del sector privado estimaron que existe una comunicación abierta y honesta con las autoridades competentes, desde el nivel de la oficina ministerial hasta el Viceministerio de Pesca y Acuicultura y las seis Direcciones. Existen canales para dialogar y debatir sobre las necesidades del sector y las repercusiones de las propuestas de reglamento. De la misma forma, hay mecanismos institucionales disponibles para que los productores, las asociaciones y la ciudadanía propongan iniciativas; planteen preguntas y formulen consultas o propuestas; y realicen solicitudes.

Asimismo, los retos a los que se enfrenta Perú son similares a los de otros miembros de la OCDE en lo que respecta a las dificultades a la hora de colaborar con las comunidades pesqueras remotas. Resulta complicado comunicarse con las comunidades costeras rurales y los pescadores artesanales. Los escasos recursos financieros y humanos y la lejanía de las zonas costeras hacen que mantener un diálogo continuado con esas comunidades resulte difícil.

2.6. Participación de Perú en los acuerdos y órganos internacionales y regionales pertinentes en la esfera de la pesca y la acuicultura

Perú es una Parte Contratante, un país adherente o un observador en diferentes OROP y órganos pesqueros regionales (Cuadro 2.7). Como tal, participa de forma activa en sus comités científicos, técnicos y de cumplimiento. Perú presenta datos y colabora en las investigaciones, al tiempo que utiliza los informes, las recomendaciones y los instrumentos de esos órganos para fundamentar las políticas pesqueras del plano nacional.

Cuadro 2.7. Principales organizaciones regionales de ordenación pesquera en las que participa Perú

Organización	Especies y esfera de competencia	Participación de Perú
Comisión Interamericana del Atún Tropical (CIAT)	Poblaciones de atún y especies afines en el océano Pacífico oriental	Perú se convirtió en una Parte Contratante en la CIAT y el Convenio de Antigua cuando entró en vigor en 2010. Ratificó oficialmente el Convenio en 2018.
		En el caso de esta pesquería, el Comité Científico Asesor de la Comisión Interamericana del Atún Tropical proporciona de manera anual recomendaciones y medidas de gestión del atún tropical. Perú es un participante activo de la CIAT y es miembro de los grupos de trabajo permanentes sobre la capacidad de la flota y el seguimiento del atún, de modo que lleva a cabo estudios de casos, participa con frecuencia en reuniones y eventos de la organización, y, en ocasiones, organiza dichos actos.
		En la CIAT, Perú también ratificó el Acuerdo sobre el Programa Internacional para la Conservación de los Delfines, que trata de reducir la mortalidad incidental de los delfines en la pesca de atún con redes de cerco con jareta en la zona del Acuerdo.
Organización de Ordenación Pesquera Regional del Pacífico Sur (SPRFMO)	Especies transfronterizas y altamente migratorias del Pacífico sudoriental, como el calamar gigante y el jurel.	Perú se convirtió en miembro en 2016. La SPRFMO desempeña una función esencial en la gobernanza de la pesca de las principales especies comerciales transfronterizas y altamente migratorias del Pacífico sudoriental, las cuales revisten importancia para Perú, como el calamar gigante y el jurel.
		Establece medidas comunes para la gestión de la conservación de las especies, pautas para la gestión de las poblaciones y disposiciones relativas a las poblaciones en alta mar, que las Partes Contratantes deben transponer a la reglamentación nacional para garantizar la compatibilidad de las medidas nacionales de ordenación.
		La SPRFMO también adopta medidas para impedir y erradicar la pesca ilegal, no declarada y no reglamentada (INDNR), junto con medidas encaminadas a mejorar la reunión, la recopilación y el intercambio de datos, como el programa de observadores para recabar información sobre las capturas y el esfuerzo, y datos científicos ligados a la actividad pesquera y su efecto en el medio marino.
Comisión Permanente del Pacífico Sur	Pacífico sur	Este órgano regional fomenta la cooperación entre sus miembros (Chile, Colombia, Ecuador, Panamá y Perú). Promueve la investigación científica para proporcionar asesoramiento con base empírica en materia de políticas.
		La Comisión Permanente del Pacífico Sur supervisa y evalúa riesgos climáticos como El Niño, promueve los programas de formación sobre prácticas pesqueras sostenibles para pescadores artesanales y fomenta la aplicación de medidas destinadas a proteger el medio marino y las zonas costeras a través de un enfoque coordinado para lidiar con la contaminación de los hidrocarburos y otras sustancias dañinas.
		También existe un Plan de Acción Regional para Enfrentar la Pesca Ilegal No Declarada y No Reglamentada en el Pacífico Sudeste, en el que los países colaboran para atajar las actividades INDNR.

Organización	Especies y esfera de competencia	Participación de Perú
Convención sobre la Conservación de los Recursos Vivos Marinos Antárticos	Austromerluza negra, austromerluza antártica, draco rayado y kril antártico	Perú es un país adherente desde 1989. Se ha comprometido con la labor del Comité Científico y contribuye a las observaciones y datos científicos, en especial en lo que respecta al draco y a la austromerluza. El trabajo y las investigaciones de la Convención han ayudado a Perú a desarrollar su Política Nacional Antártica.

2.6.1. Participación de Perú en los acuerdos internacionales pertinentes

Perú es parte o país adherente y aplica en su legislación nacional la mayoría de los acuerdos y convenciones internacionales principales en el ámbito de la pesca. También participa en numerosas organizaciones regionales que revisten relevancia para sus recursos marinos (Cuadro 2.8).

Cuadro 2.8. Participación de Perú en los acuerdos internacionales y regionales pertinentes en la esfera de la pesca

Acuerdos internacionales y regionales	Participación
Convención de las Naciones Unidas sobre el Derecho del Mar	No
Acuerdo de las Naciones Unidas sobre las Poblaciones de Peces	No
Acuerdo sobre Medidas del Estado Rector del Puerto	Sí
Código de Conducta de la FAO para la Pesca Responsable	Sí
Directrices Voluntarias de la FAO para los Transbordos	Sí
Directrices Voluntarias de la FAO para los Sistemas de Documentación de las Capturas	Sí
Convenio de la Organización Internacional del Trabajo sobre el Trabajo en la Pesca	No
Convenio de la Organización Internacional del Trabajo sobre el Trabajo Marítimo	No
Acuerdo sobre Subvenciones a la Pesca de la Organización Mundial del Comercio*	Sí
Acuerdo en el marco de la Convención de las Naciones Unidas sobre el Derecho del Mar relativo a la Conservación y el Uso Sostenible de la Diversidad Biológica Marina de las Zonas Situadas Fuera de la Jurisdicción Nacional*	Sí
Comisión Interamericana del Atún Tropical	Sí
Convenio de Lima	Sí
Comisión Permanente del Pacífico Sur	Sí
Organización de Ordenación Pesquera Regional del Pacífico Sur	Sí
Organización Latinoamericana de Desarrollo Pesquero	Sí
Red de Intercambio de Información y Experiencias entre Países de América Latina y el Caribe para Prevenir, Desalentar y Eliminar la Pesca INDNR	Sí
Acuerdo de Escazú	No
Acuerdo de Galápagos	Sí
Convención sobre la Conservación de los Recursos Vivos Marinos Antárticos	Sí
Tratado Integral y Progresista de Asociación Transpacífico	Sí

* El Acuerdo todavía no ha entrado en vigor.
Nota: FAO: Organización de las Naciones Unidas para la Alimentación y la Agricultura.

Si bien Perú no es un Estado parte en la Convención de las Naciones Unidas sobre el Derecho del Mar, el país si reconoce la Convención como codificación del derecho internacional consuetudinario y ha declarado formalmente que aplica su Constitución y marco jurídico de una forma acorde a las zonas marítimas establecidas en la Convención. De la misma forma, Perú aplica varios de los instrumentos derivados de dicha Convención en aras del interés nacional y la cooperación internacional, y en cumplimiento de sus obligaciones en calidad de Estado ribereño y que pesca. En particular, Perú aplica los compromisos dimanantes del Acuerdo de las Naciones Unidas sobre las Poblaciones de Peces, al ser parte de varias OROP o acuerdos. Igualmente, Perú ratificó el Acuerdo sobre Medidas del Estado Rector del Puerto en 2017 (véase el capítulo 6) y también participa en la cooperación bilateral para la gestión de las poblaciones de peces transzonales. Por ejemplo, Perú colabora con Chile a través del Proyecto Humboldt II, cuyo objetivo consiste en facilitar la ordenación pesquera y la restauración de los ecosistemas de las poblaciones de peces compartidas en la corriente de Humboldt.

Por último, Perú no ratificó el Convenio de la Organización Internacional del Trabajo sobre el Trabajo en la Pesca (C188)[5]. Como miembro de la Organización Internacional del Trabajo, Perú posee 63 de sus acuerdos en vigor, 12 de los cuales atañen a los pescadores y la gente de mar (ILO, 2024[12]). Por medio de la aplicación de estos y otros acuerdos internacionales, la legislación peruana ya abarca algunos de los elementos principales del Convenio C188, como los requisitos mínimos en materia de seguridad de los buques, seguridad en caso de enfermedades y accidentes, edad mínima para trabajar y acceso al sistema de pensiones. Sin embargo, algunas disposiciones como los certificados médicos necesarios, las horas mínimas de descanso, los acuerdos laborales obligatorios, las obligaciones concretas en materia de comida y alojamiento y las obligaciones de atención médica a bordo no están cubiertas.

References

Government of Peru (2024), *Review of Peru's fisheries and aquaculture: Policy information request for the background report informing the formal opinion of the OECD Fisheries Committee (COFI) on the accession of Peru to the Organisation*. [7]

Government of Peru (2001), *General Regulation of the Fisheries Law*, http://www.gob.pe/uploads/document/file/418473/Decreto_Supremo_Nº_012-2001-PE.pdf?v=1573142303. [5]

Government of Peru (1992), *General Fisheries Law*, https://spij.minjus.gob.pe/spij-ext-web/#/detallenorma/H757193. [4]

Gozzer-Wuest, R., E. Alonso-Población and G. Tingley (2021), "Identifying priority areas for improvement in Peruvian Fisheries", *Marine Policy*, Vol. 129, p. 104545, https://doi.org/10.1016/j.marpol.2021.104545. [8]

ILO (2024), *Ratification of ILO Conventions*, International Labour Organization, https://normlex.ilo.org/dyn/nrmlx_en/f?p=1000:11200:0::NO:11200:P11200_COUNTRY_ID:102805 (accessed on 2024). [12]

Interviews in the context of the Review (2024), *Interviews conducted with Peru's government representatives and stakeholders in the context of the Review*. [2]

OANES (2020), *Acusan a funcionarios de IMARPE de haber "inflado" cuota de pesca de anchoveta*, https://www.oannes.org.pe/noticias/pesca-y-acuicultura/peru-acusan-a-funcionarios-de-imarpe-de-haber-inflado-cuota-de-pesca-de-anchoveta/. [6]

OECD (2023), *OECD Economic Surveys: Peru 2023*, OECD Publishing, Paris, https://doi.org/10.1787/081e0906-en. [10]

OECD (2020), *OECD Review of Fisheries 2020*, OECD Publishing, Paris, https://doi.org/10.1787/7946bc8a-en. [11]

Paredes, C. et al. (2024), *La pesca en el Perú: Una ruta hacia un futuro próspero y sostenible*, Universidad Continental, Fondo Editorial, Huancayo, Peru, https://doi.org/10.18259/978-612-4443-64-0. [1]

Paredes, C. et al. (2024), *La pesca en el Perú: Una ruta hacia un futuro próspero y sostenible*, Universidad Continental, https://doi.org/10.18259/978-612-4443-64-0. [9]

World Bank (2021), *Repensar el futuro del Perú: Notas de política para transformar al Estado en un gestor del bienestar y el desarrollo*, World Bank, San Isidro, Lima, https://www.bancomundial.org/es/country/peru/publication/repensar-el-futuro-del-per-apuntes-de-pol-tica-para-transformar-al-estado-en-un-gestor-del-bienestar-y-el-desarrollo#2. [3]

Notas

[1] Alrededor del 90 % de los países miembros de la OCDE carecen de un ministerio exclusivo para la pesca; el 70 % elabora las políticas pesqueras dentro de su Ministerio de Agricultura y aproximadamente el 5 % enmarca estas tareas dentro del Ministerio de Industria (OECD, 2020[11]).

[2] El Viceministerio de Pesca y Acuicultura está compuesto de seis direcciones generales: la Dirección General de Políticas y Análisis Regulatorio de Pesca y Acuicultura; la Dirección General de Pesca para Consumo Humano Directo e Indirecto; la Dirección General de Pesca Artesanal; la Dirección General de Acuicultura; la Dirección General de Supervisión, Fiscalización y Sanción, y la Dirección General de Asuntos Ambientales Pesqueros y Acuícolas.

[3] En Perú, una región es una división territorial compuesta por uno o más departamentos y creada para facilitar la gestión descentralizada del desarrollo económico, social y ambiental. En la práctica, actualmente cada departamento funciona como una región. Por lo tanto, existen 25 gobiernos regionales, cada uno de los cuales cuenta con un consejo regional, un gobernador regional y consejo de coordinación regional.

[4] La Ley 31749 reconoce la pesca tradicional ancestral y la pesca tradicional artesanal, y promueve su preservación dentro de 5 millas náuticas en Perú.

[5] Este Convenio de la Organización Internacional del Trabajo entró en vigor en 2017 con el objeto de garantizar unas condiciones de trabajo decentes para los pescadores a bordo de buques pesqueros, en concreto en lo que respecta a las condiciones de servicio, alojamiento y comida, así como a la salud y seguridad ocupacionales.

3 Ordenación pesquera en Perú

Este capítulo analiza las políticas y prácticas peruanas de ordenación pesquera, y cómo se integran los datos científicos en la formulación de políticas. Perú evalúa 30 poblaciones de peces, la gran mayoría de las cuales (el 97 %) se encuentran por encima de los límites de la sostenibilidad biológica y en niveles que permiten maximizar la productividad (el 73 %), unas cifras muy superiores a los promedios de la OCDE (un 64 % de poblaciones saludables y un 32 % de poblaciones productivas). La anchoveta (la especie de mayor relevancia del país) se gestiona a través de un sistema avanzado y adaptable que combina seguimiento ecológico casi en tiempo real, vedas dinámicas, límites de capturas totales permisibles y cuotas individuales por embarcación. Perú también cuenta con pesquerías en pequeña escala y artesanales amplias y complejas, donde aplica una ordenación con fundamento científico, con evaluaciones periódicas de las poblaciones como base de los límites de capturas totales permisibles a fin de velar por que las poblaciones se mantengan en el rendimiento máximo sostenible. Sin embargo, sigue habiendo dificultades a la hora de gestionar las pesquerías artesanales y en pequeña escala, como la construcción informal de embarcaciones, el escaso seguimiento y los amplios derechos de pesca artesanal, que contribuyen a la sobrecapacidad y a una posible sobreexplotación de determinadas pesquerías.

Conclusiones clave

- Perú evalúa 30 poblaciones de peces, la gran mayoría de las cuales (el 97 %) se encuentran por encima de los límites de la sostenibilidad biológica y en niveles que permiten maximizar la productividad (el 73 %), unas cifras muy superiores a los promedios de la OCDE (un 64 % de poblaciones saludables y un 32 % de poblaciones productivas). Además, las cinco especies principales en términos de volumen, que representan en conjunto el 91,5 % del volumen de los desembarques, son sostenibles y se encuentran en niveles que permiten maximizar la productividad.
- De las 30 poblaciones evaluadas, 9 se consideran lo suficientemente importantes desde el punto de vista económico para contar con planes de ordenación pesquera. De las 21 poblaciones que no están contempladas en los ROP, 7 no cumplen las metas de productividad.
- La anchoveta peruana, la principal especie capturada por la flota peruana (dado que representa el 77 % del volumen), se gestiona mayoritariamente mediante un sistema sofisticado y adaptable con fundamento científico, el cual permite a las autoridades responder con rapidez a la variabilidad a corto plazo de la biomasa de las poblaciones y, en casos extremos, suspender por completo la pesca. Desde 2009, la ordenación de la anchoveta también integra un sistema de cuotas individuales por embarcación, lo que ha aumentado la eficiencia económica de la pesquería.
- Perú dispone de pesquerías en pequeña escala y artesanales amplias y complejas. El sector artesanal explota una amplia gama de especies de gran relevancia a nivel comercial y, en algunos casos, como en el del calamar gigante, dichas especias son un factor de exportación importante.
- En general, Perú aplica una ordenación con fundamento científico a su sector en pequeña escala y artesanal, con evaluaciones periódicas de las poblaciones como base de los límites de capturas totales permisibles a fin de velar por que las poblaciones se mantengan en el rendimiento máximo sostenible. Pese a ello, las licencias de pesca artesanal otorgan a los pescadores el derecho a capturar todas las especies situadas hasta a 5 millas náuticas de la costa (excepto aquellas contempladas por los Reglamento de Ordenamiento Pesquero o protegidas por algún otro medio), lo que significa que muchas de estas especies están sin gestionar y, por lo tanto, podría tener lugar una sobreexplotación no controlada en algunos casos.
- El sector artesanal se caracteriza por un grado considerable de informalidad (p. ej., los pescadores que operan sin un derecho de pesca válido) y sobrecapacidad, debido a la construcción informal e ilegal de embarcaciones pesqueras. Dado que estas embarcaciones no se recogen en los registros oficiales de PRODUCE, no están sujetas a la misma supervisión que los pescadores legítimos, lo que da lugar a una competencia desleal y a unas oportunidades reducidas que socavan la sostenibilidad social y económica del sector.

Recomendaciones

- Ampliar las inversiones en evaluaciones de las poblaciones y reunión de datos de la pesca artesanal, en particular ampliando los esfuerzos a especies que no estén contempladas en estos momentos en los planes de ordenación pesquera y, cuando sea necesario, poner en práctica nuevos planes de ordenación para subsanar las deficiencias de reglamentación y garantizar que dichas especies no estén sobreexplotadas.

- Mejorar la ordenación del sector artesanal al abordar la sobrecapacidad y la informalidad a través de las siguientes medidas:
  - Continuar y mejorar los procesos de formalización de los pescadores informales para garantizar que todos los pescadores artesanales en activo estén registrados en PRODUCE y tengan derecho a pescar. En particular, promover los beneficios de la formalización (p. ej., acceso a apoyo gubernamental, educación y capacitación, y mejora de la seguridad a bordo) puede ayudar a incentivar a los pescadores a decantarse por ella.
  - De manera paralela, ampliar las iniciativas destinadas a atajar la construcción y alteración ilegales de buques pesqueros en astilleros informales, en colaboración con los ministerios y las instituciones de aplicación de la ley pertinentes.
  - Poner en práctica medidas que velen por que las iniciativas de reducción de la sobrecapacidad no tengan efectos socioeconómicos negativos en los pescadores afectados.

Perú es uno de los productores de la pesca de captura más importantes del mundo (véase el capítulo 1) y, como tal, posee un sistema de ordenación pesquera complejo y bien desarrollado. En líneas generales, existe un sistema de ordenación de dos niveles para la pesca en Perú: uno para la ordenación de la flota industrial centrada en la anchoveta y otro para la ordenación de la flota en pequeña escala y artesanal, dirigida fundamentalmente a otras especies en las zonas cercanas a la costa. Esta división es comprensible dadas las grandes diferencias que existen entre la naturaleza de la pesca de la anchoveta y todas las demás pesquerías peruanas. El presente capítulo analiza esta división y trata sobre la ordenación tanto de la pesquería de la anchoveta como de otras pesquerías, tras estudiar el estado de las poblaciones de peces en Perú.

3.1. El estado de las poblaciones de peces peruanas

3.1.1. En líneas generales, los recursos pesqueros de Perú están sanos y son productivos

Perú evalúa 30 poblaciones de peces, la gran mayoría de las cuales (el 97 %) se encuentra por encima de los límites de la sostenibilidad biológica y en niveles que permiten maximizar la productividad (el 73 %) (Gráfico 3.1.), unas cifras muy superiores a los promedios de la OCDE (un 64 % de poblaciones saludables y un 32 % de poblaciones productivas). Además, las cinco especies principales en términos de volumen, que representan el 91,5 % del volumen de los desembarques, se encuentran en niveles que permiten maximizar la productividad[1]. Por lo tanto, la gran mayoría de la producción de la pesca marítima en Perú proviene de poblaciones sanas y productivas y, en general, los recursos pesqueros del país se encuentran en unas condiciones más favorables que los evaluados por los miembros de la OCDE.

Gráfico 3.1. Estado de las poblaciones de peces evaluadas en lo que respecta a la sostenibilidad biológica y las metas de productividad en 2024

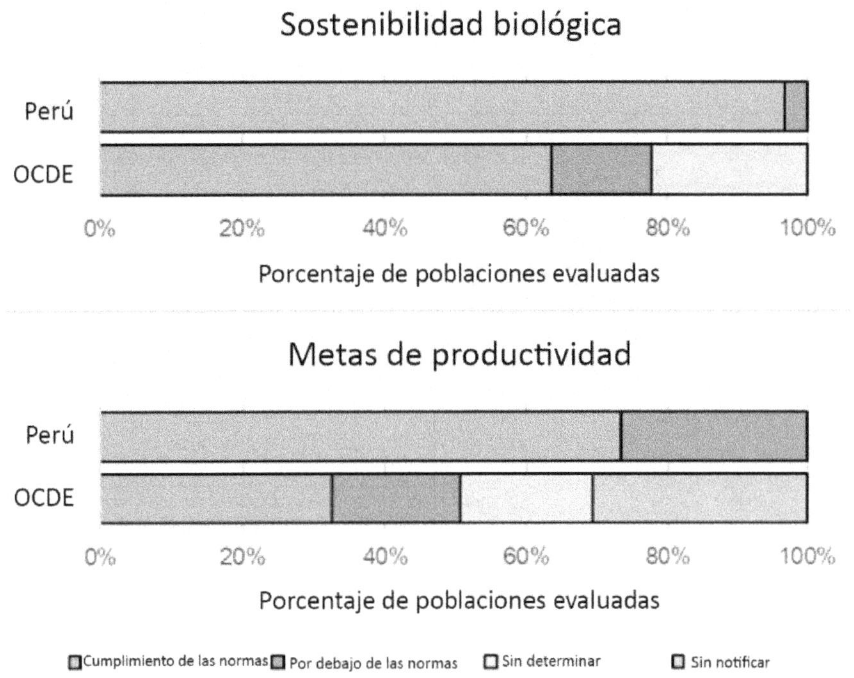

De estas 30 poblaciones evaluadas, 9 se consideran lo suficientemente importantes desde el punto de vista comercial para contemplarse en los ROP (véase el presente documento más adelante para obtener información adicional) y cuentan con metas de ordenación fijas. Todas esas poblaciones están sanas y se encuentran en niveles que permiten maximizar la productividad (p. ej., MSY). De las 21 poblaciones que no están contempladas en ningún ROP, 7 no cumplen las metas de productividad, y su biomasa se encuentra por debajo de los niveles que permitirían su captura al MSY.

3.1.2. La mayoría de las poblaciones se encuentran plenamente explotadas, lo que limita el margen de crecimiento de la producción

En Perú, el IMARPE suele realizar evaluaciones de las poblaciones de peces todos los años. Estas determinan el estado de explotación de las poblaciones en función de la actividad pesquera (captura por unidad de esfuerzo y captura total por flota), los indicadores de la eficacia biológica (biomasa y biomasa de población reproductora) y la variabilidad ambiental. Las pesquerías se pueden clasificar en seis categorías diferentes: no explotada, infraexplotada, plenamente explotada y sobreexplotada, además de en recuperación y no reglamentada. La categoría determina la estrategia de ordenación que se aplicará en líneas generales. La mayor parte (el 76 %) de las poblaciones de peces evaluadas se clasifican como plenamente explotadas (cuadro 3.1).

Cuadro 3.1. Clasificación del nivel de explotación de los recursos marinos y estrategia establecida por el Ministerio de Pesca peruano

Nivel de explotación de los recursos marinos	Definición	Estrategia del Ministerio de Pesca	Número de poblaciones en la última evaluación
No explotados	Ningún esfuerzo de pesca aplicado	Establecer la exploración pesquera por parte de organismos descentralizados como universidades y el Instituto del Mar del Perú	0
Infraexplotados y altamente migratorios	La tasa de explotación es inferior a FMSY, lo que permite aumentar el esfuerzo de pesca	Se autorizará un aumento de la flota en lo que respecta a la capacidad biológica de los recursos marinos	0
Plenamente explotados	Cuando F = FMSY y B = BMSY	No se permite ningún aumento del esfuerzo; solo sustituciones del esfuerzo que equivalgan a la capacidad de carga original de las flotas industriales y en pequeña escala	22
Sobreexplotados	Cuando B < BMSY y F > FMSY	El Ministerio de Pesca determinará las medidas de ordenación pesquera para la recuperación de las poblaciones	1
En recuperación	Cuando B < BMSY	El Ministerio de Pesca establece regímenes temporales de captura para regular los esfuerzos de pesca y programas de seguimiento de las poblaciones para lograr unos niveles BMSY	7
No reglamentados	No están contemplados en ningún Reglamento de Ordenamiento Pesquero	Las poblaciones de peces no reglamentadas se gestionarán de acuerdo con las normas de la Ley General de Pesca y su Reglamento, y con las demás disposiciones vigentes	0

Nota: BMSY: biomasa correspondiente al rendimiento máximo sostenible; FMSY: mortalidad por pesca correspondiente al máximo rendimiento sostenible.

Cuando una población está plenamente explotada, Perú prohíbe aumentar el esfuerzo. Por consiguiente, cualquier capacidad nueva en las flotas pesqueras industriales y en pequeña escala debe sustituir a la capacidad actual que se esté retirando. Son embargo, la flota artesanal, donde existe un control débil del crecimiento de la capacidad, captura de manera intensa varias de las especies plenamente explotadas (véase la sección 3.3 para obtener más información). Por lo tanto, es posible que algunas de esas especies estén cerca de la sobreexplotación y que la flota artesanal no esté equilibrada con las oportunidades de pesca. Esto exige una supervisión más sólida y políticas activas que desalienten la construcción y modernización de embarcaciones. Es crucial destacar que el calamar gigante está plenamente explotado y, al mismo tiempo, es la pesquería más importante del sector artesanal. Es probable que cualquier sobreexplotación de esta población tenga grandes consecuencias negativas para los pescadores artesanales.

3.2. La ordenación de la pesca de la anchoveta en Perú

La pesca de la anchoveta constituye una de las pesquerías monoespecíficas más grandes del mundo en términos de volumen y es de suma importancia para el sector en Perú. La anchoveta es un pez pelágico pequeño (con una longitud media de 12 cm) endémico del ecosistema de la corriente de Humbolt septentrional. Estos peces crecen rápidamente, alcanzan la madurez sexual a los tres años y se alimentan fundamentalmente de zooplancton. Su población es altamente sensible a los aspectos ambientales que afectan a la disponibilidad de alimentos y a las condiciones de crecimiento. Por lo tanto, su población es altamente variable y se ve fuertemente afectada por el fenómeno ENOS. En los años con fuertes episodios de ENOS, la producción de la pesquería puede disminuir hasta un 30 %. Debido a esta sensibilidad, la pesquería también es especialmente vulnerable al cambio climático.

Existen dos poblaciones distintas de anchoveta, las cuales se gestionan por separado. La población norcentral, que es la responsable de la gran mayoría (~90 %) de los desembarques, y la población meridional, compartida con Chile[2]. La población norcentral es considerablemente mayor, con una biomasa de entre 6 y 11 Mt. La biomasa de la población meridional ha fluctuado entre 250 000 y 2 Mt en los últimos años. La pesca industrial en gran escala lleva dedicándose a las poblaciones de anchoveta peruana desde la década de 1950. En 1971, los desembarques alcanzaron su punto máximo: 13 Mt. Sin embargo, después la población colapsó para recuperarse a finales de la década de 1990.

Actualmente, la pesca se produce en dos segmentos distintos: la pesca industrial, que tiene lugar a entre 5 y 15 millas náuticas de la costa, y la pesca artesanal, que opera hasta a 5 millas náuticas de la costa. Está permitida la pesca artesanal de la anchoveta para consumo humano directo, mientras que la flota industrial solo puede pescar para consumo humano indirecto, lo que significa que los peces se destinan a la producción de harina y aceite de pescado.

3.2.1. Se hace uso de un seguimiento casi en tiempo real y de vedas temporales dinámicas por zonas para gestionar la población de anchoveta, que reviste la máxima relevancia

La ordenación de la población norcentral se basa en dos principios básicos: en primer lugar, la biomasa de la población debe permanecer por encima de las 5 Mt; en segundo lugar, la tasa de explotación debe mantenerse por debajo de un 0,35[3]. En principio, la temporada de pesca de la población norcentral comprende de abril a junio y de noviembre a enero, con vedas durante las principales estaciones de desove. Sin embargo, debido a la sensibilidad de la población tanto a la presión de la pesca como a las variables ambientales, es necesario un sistema de ordenación adaptable que responda a los cambios en la abundancia de bancos de pesca, su ubicación y otras características clave a medida que se produzcan a fin de evitar la sobreexplotación. Por ejemplo, los peces en fase juvenil tienden a distribuirse más cerca de la costa que los adultos, pero, durante los episodios de calentamiento, el solapamiento en su distribución aumenta, lo que plantea riesgos de que los peces en fase juvenil sean capturados por accidente (Bahri et al., 2021[1]).

Para abordar este problema, Perú ha implantado un sistema de seguimiento casi en tiempo real que se emplea para fundamentar las decisiones en torno a los tamaños de las CTP y las vedas dinámicas y espaciales de la temporada de pesca. Este sistema incluye datos de diferentes fuentes, por ejemplo, sondeos hidroacústicos llevados a cabo por el IMARPE, estudios de investigación realizados regularmente en el mar, datos obtenidos por teledetección y otros datos procedentes directamente de los pescadores. Dichos datos se utilizan para estimar el tamaño, la estructura, la aptitud para la reproducción y la productividad de la población de anchoveta, lo que, a su vez, sienta las bases para las decisiones ligadas a la temporada de pesca y el tamaño de las CTP. El IMARPE también lleva a cabo un análisis de escenarios ambientales para probar y entender cómo las condiciones futuras (favorables, neutras o desfavorables) afectarán a los supuestos de los modelos, y prever qué medidas de ordenación pueden ser necesarias en cada caso para la temporada siguiente.

Una vez declarada la temporada, se llevan a cabo dos semanas de pesca exploratoria antes de la apertura oficial, para que el IMARPE evalúe la precisión de los resultados del modelo en el que se hayan basado las decisiones de ordenación. Durante esta fase exploratoria, se pueden realizar ajustes en la temporada de pesca y, en circunstancias extremas, se puede cancelar la temporada. En junio de 2023, se canceló la temporada de pesca al detectarse una proporción más elevada de lo previsto de peces en fase juvenil durante la fase de pesca exploratoria. Además del seguimiento periódico, el IMARPE también puede llevar a cabo estudios especiales si las condiciones ambientales son anómalas y es probable que afecten a la población de maneras impredecibles. Por último, los datos de los observadores a bordo, los lugares de desembarque y los sistemas de seguimiento de las embarcaciones se pueden utilizar para aplicar vedas espaciales dinámicas si se detecta un exceso de peces juveniles en una zona determinada.

Los sistemas desarrollados para gestionar la población norcentral de anchoveta son poco habituales por varios motivos: en primer lugar, se emplea un horizonte temporal corto para las proyecciones de los modelos (por lo general, menos de 6 meses); en segundo lugar, los sistemas se basan en la integración de observaciones casi en tiempo real en las decisiones de gestión; y en tercer lugar, el análisis de escenarios ambientales se usa para entender la sensibilidad de las decisiones a las condiciones subyacentes (Bahri et al., 2021[1]). Estas características hacen posible un sistema dinámico y adaptable ideal para gestionar esta población, lo que se denomina enfoque de gestión dinámica de los océanos (Maxwell et al., 2015[2]). Además, se considera que esta clase de sistema de gestión funciona adecuadamente bajo el cambio climático, ya que permite la adaptación a largo plazo y la respuesta a corto plazo a fenómenos meteorológicos extremos.

Gestionar la población norcentral de anchoveta de esta forma, no obstante, requiere una gran cantidad de recursos y es viable solo debido al tamaño y la importancia comercial de las poblaciones. Probablemente no sea posible aplicar este tipo de gestión a otras poblaciones de menor importancia comercial y, de hecho, la población meridional, de menor envergadura, no se gestiona del mismo modo. Por el contrario, la población meridional se gestiona a través de un enfoque de evaluación y basado en las CTP más tradicional, lo cual resulta comprensible dada su producción y, por consiguiente, su importancia para el sector, considerablemente menores.

3.2.2. Los límites de capturas totales permisibles y las cuotas individuales por embarcación limitan la pesca a niveles sostenibles y aumentan la eficiencia económica de la pesquería

Las poblaciones de anchoveta peruana han sido objeto de límites de CTP desde que se aprobó la Ley General de Pesca (Government of Peru, 1992[3]) en 1992. La Ley también incluyó un tope de 200 000 m3 de capacidad de bodega de las embarcaciones y la prohibición de introducir nuevas capacidades en la flota sin retirar capacidades existentes. Las CTP se fijan en función de las evaluaciones de las poblaciones que lleva a cabo el IMARPE. La biomasa de la anchoveta es altamente sensible a las condiciones climáticas y, por lo tanto, la CTP puede variar de manera considerable de un año a otro y, en particular, en los años de ENOS (gráfico 3.2). Si bien el IMARPE proporciona evidencias científicas para establecer el límite de CTP, es PRODUCE quien fija el límite en sí, habida cuenta tanto de las evidencias científicas como del contexto socioeconómico de la pesquería. El proceso de fijar las CTP por lo general funciona de manera eficaz; sin embargo, en 2019, hubo cierto grado de controversias respecto al modo en que se tomaban las decisiones, lo que dio lugar a una revisión de las estructuras de gobernanza del IMARPE (véase el capítulo 2).

Gráfico 3.2. Límites de capturas totales permisibles y desembarques de anchoveta en Perú, 2014-2025

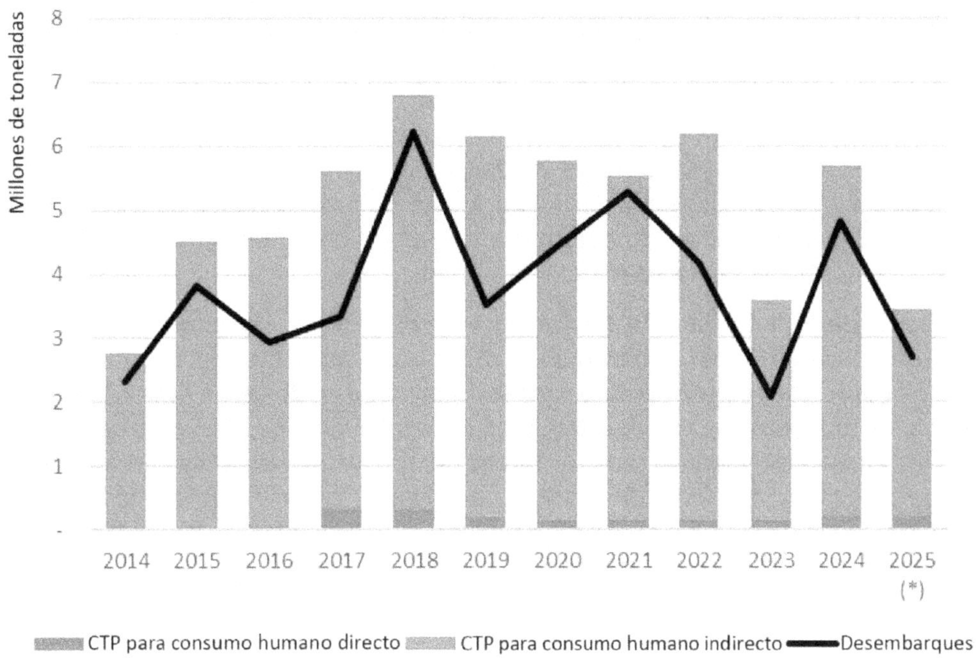

Nota: *Datos disponibles a fecha de mayo de 2025
Fuente: Ministerio de la Producción (PRODUCE).

Desde 2009, la CTP se ha subdividido a su vez entre las cuotas individuales por embarcación (Decreto núm. 1084). Se utilizan dos ecuaciones para asignar las cuotas iniciales a los buques: una de ellas cubre la flota industrial con casco de acero; la segunda cubre la flota con casco de madera en pequeña escala, denominada «flota vikinga». La fórmula para la flota con casco de acero asigna cuotas en función de los desembarques históricos y la capacidad del casco, mientras que la fórmula de la flota con casco de madera solo tiene en cuenta los desembarques históricos (Tveteras, Paredes and Peña-Torres, 2011[4]). Las asignaciones se realizan de manera independiente para las dos temporadas de pesca en las poblaciones norcentral y meridional. Por último, tres parámetros clave determinan cómo se pueden utilizar las cuotas:

1. una embarcación puede perder su cuota asignada si no la cumple una vez cada dos años o si no captura al menos el 20 % de la cuota durante cuatro años consecutivos;
2. no se permite acumular la parte que no se utilice de la cuota en una temporada para la siguiente;
3. cada cuota se renovará cada diez años.

En teoría, las cuotas individuales transferibles permiten la asignación eficiente de capacidad y esfuerzo dentro de la pesquería y han demostrado que conducen a la reducción de las emisiones (Kristofersson, Gunnlaugsson and Valtysson, 2021[5]), la consolidación de la flota (Hoshino et al., 2020[6]; Merayo et al., 2018[7]) y el aumento de la sostenibilidad ambiental y la rentabilidad (Costello, Gaines and Lynham, 2008[8]). Las cuotas individuales por embarcación que se utilizan para gestionar la anchoveta peruana difieren de las cuotas individuales transferibles porque solo tienen una transferibilidad limitada entre buques. El derecho a pescar la cuota se asigna a la embarcación con carácter permanente y solo se puede transferir por medio de la venta del buque. Sin embargo, la asignación de la cuota anual se puede transferir entre embarcaciones del mismo propietario (Tveteras, Paredes and Peña-Torres, 2011[4]) o entre buques que formen parte de una «asociación». También existe la opción de alquilar la cuota asignada a una embarcación de un propietario diferente durante un máximo de tres años.

Cabe destacar que la flota con casco de acero pertenece mayormente a empresas de integración vertical que operan varios buques, lo que les permite optimizar la utilización de su capacidad dentro de sus flotas. Así, desde la introducción de las cuotas individuales por embarcación, se produjo la consolidación de la flota en las pesquerías. Por ejemplo, la cantidad de embarcaciones activas en la flota con casco de acero de la pesquería norcentral disminuyó un 40 % (128 buques) entre 2009 y 2013, mientras que el tamaño de las embarcaciones aumentó (Kroetz et al., 2019[9]). La incorporación de las cuotas individuales también ha permitido optimizar el esfuerzo de la pesquería, lo que dio lugar a un aumento de la cantidad de días activos y una prolongación de la temporada de la anchoveta inmediatamente después de su introducción (Kroetz et al., 2019[9]; Tveteras, Paredes and Peña-Torres, 2011[4]).

La consolidación de la flota también ha venido acompañada de la correspondiente mejora de las condiciones económicas de los pescadores de anchoveta, con aumentos de la rentabilidad para los pescadores y los procesos posteriores de la cadena. Para los pescadores, ha habido subidas significativas de los precios por tonelada, que van desde el 37 % hasta el 200 %, dependiendo de la metodología que se utilice para calcularlas (Natividad, 2015[10]; Kroetz et al., 2019[9]). En el caso de los procesadores, la proporción de producción de harina de pescado de calidad alta y muy alta aumento un 7 % y un 5 % respectivamente (en detrimento de la calidad estándar, que disminuyó un 12 %) (Kroetz et al., 2019[9]). Las razones de estas subidas de precio no están muy claras, pero podrían estar relacionadas con el aumento de la calidad de los desembarques de pescado gracias al cambio de las prácticas pesqueras (p. ej., la bajada de intensidad de la pesca y las mejores condiciones de transporte y almacenamiento), el incremento del poder de negociación de los titulares de las cuotas durante las negociaciones de los precios con los procesadores y la mejora del tiempo de procesamiento debido a la prolongación de la temporada de pesca y el carácter más predecible de la oferta de pescado (Tveteras, Paredes and Peña-Torres, 2011[4]). Sin embargo, el precio de la harina de pescado también es sensible a los mercados internacionales, de modo que al menos algunos de los cambios en el precio del pescado tras la introducción de las cuotas individuales por embarcación no guardan relación con la política peruana de ordenación pesquera.

Pese a los avances positivos, el hecho de que las cuotas en sí solo sean parcialmente transferibles probablemente limita la medida en que el sistema puede optimizar la pesquería. La introducción de una mayor transferibilidad en los sistemas puede conducir a mayores beneficios en términos de eficiencia económica, optimización de la capacidad de la flota, reducciones de emisiones de gases de efecto invernadero (GEI) y sostenibilidad ambiental (para consultar una revisión de los efectos de la introducción de las cuotas individuales transferibles, véase Hoshino et al. (2020[6])). No obstante, es importante que los administradores de pesquerías logren un equilibrio entre la eficiencia de la ordenación, por una parte, y los objetivos socioeconómicos del sector, por otra. Por lo tanto, aunque una mayor transferibilidad tendría repercusiones positivas en algunos aspectos de la pesca, no está tan claro si ayudaría o no a Perú a conseguir sus objetivos en materia de políticas.

Asimismo, existen algunas esferas en las que disponer de más información resultaría beneficioso para los administradores de pesquerías. Por ejemplo, algunos de los efectos socioeconómicos generales del sistema son difusos, como el modo en que ha cambiado la naturaleza del empleo tanto en la flota pesquera como en la industria del procesamiento. Mejorar la comprensión de estos efectos socioeconómicos más amplios y de lo que implican para las comunidades costeras en general ayudaría a los responsables de la formulación de políticas que tratan de mejorar la sostenibilidad social y económica del sector.

3.3. La ordenación de otras pesquerías en Perú

3.3.1. Perú pone en práctica una ordenación pesquera con fundamento científico para muchas de las principales poblaciones de peces que se explotan a nivel comercial

La ordenación de los recursos pesqueros distintos de la anchoveta en Perú trata de mantener las poblaciones en unos niveles que permitan maximizar la producción dentro de los límites de la sostenibilidad, es decir, el MSY. En general, la pesca se gestiona mediante una combinación de controles de los insumos y los productos, los cuales los fija PRODUCE a través de los ROP. Actualmente, existen 13 ROP activos,

- 8 de los cuales se centran en determinadas especies comerciales: atún y especies afines, y anchoveta para el consumo humano directo, jurel, caballa, merluza peruana, anguila serpiente punteada, calamar gigante, dorado y bacalao de profundidad.
- Los cinco ROP restantes están diseñados de manera espacial o engloban la pesca de múltiples especies: peces de la Amazonía peruana, región de Tumbes, cuenca del lago Titicaca, macroalgas e invertebrados marinos bentónicos.

Los ROP se utilizan para definir una amplia cantidad de variables de ordenación, como los puntos de referencia biológicos, los límites de CTP, los detalles de las vedas espaciales y temporales, y las capturas incidentales máximas (p. ej., captura de peces en fase juvenil). Además, también definen los indicadores de los ecosistemas de cada pesquería que fundamentan el enfoque de precaución para la ordenación adoptado por Perú. Estos indicadores por lo general incluyen un porcentaje de tolerancia máximo de capturas accesorias para otras especies comerciales y no comerciales en las pesquerías que usan artes de pesca no selectivas como redes y palangres, y reglamentaciones sobre la captura de especies protegidas como tortugas y aves y mamíferos marinos (recuadro 3.1). Si se supera el porcentaje de tolerancia (capturas incidentales y accesorias), PRODUCE aplicará medidas reglamentarias, como vedas temporales o totales de la pesquería (Cuadro 3.2).

Cuadro 3.2. Estrategias de gestión biológica recogidas en determinados Reglamentos de Ordenamiento Pesquero de Perú

Pesquería	Gestión biológica en el Reglamento de Ordenamiento Pesquero (ROP)	Referencia del ROP
Anguila serpiente punteada (*Opichthus remiger*)	Punto de referencia biológico: BMSY Talla límite: 42 cm LT Límite de tolerancia de capturas accidentales (fase juvenil): 20 % Descartes de peces vivos en las zonas de pesca	Decreto Supremo núm. 018-2024-PRODUCE; Resolución Ministerial núm. 184-2023-PRODUCE
Jurel (*Scomber japonicus*) y jurel chileno (*Trachurus murphyi*).	Punto de referencia biológico: BMSY Tallas límite: jurel chileno <31 cm LT y jurel <29 cm Límite de tolerancia de capturas accidentales (fase juvenil): 30 % Límite de tolerancia de capturas accesorias: sardina con red de cerco 10 % y red de arrastre 20 %. La tolerancia de la merluza es del 2 % en el caso de las redes de arrastre Límite de tolerancia de otras especies: 20 % Prohibido descartar las capturas accesorias Prohibida la pesca de otros recursos plenamente explotados	Decreto Supremo núm. 011-2007-PRODUCE; Resolución Ministerial núm. 042-2023-PRODUCE; Resolución Ministerial núm. 0367-2023-PRODUCE

Pesquería	Gestión biológica en el Reglamento de Ordenamiento Pesquero (ROP)	Referencia del ROP
Merluza (*Merluccius gayi Peruanus*)	Punto de referencia biológico: BMSY Talla límite: 28 cm LT Límite de tolerancia de capturas accidentales (fase juvenil): 20 % Límite de tolerancia de capturas accesorias: 20 % para palangres 2002 en recuperación; 2024 bajo el enfoque de precaución Zonas de restricción para la protección de especies	Decreto Supremo núm. 016-2003-PRODUCE; Decreto Supremo núm. 017-2024-PRODUCE; Resolución Ministerial núm. 217-2023-PRODUCE
Bacalao (*Dissostichus eleginoides*)	Punto de referencia biológico: BMSY Veda de pesca cuando se alcanzan las capturas totales permisibles	Oficio núm. 0311-2024-IMARPE/PE; Resolución Ministerial. 236-2001-PRODUCE
Dorado (*Coryphaena hippurus*)	Punto de referencia biológico: BMSY Talla límite: 70 cm LT Límite de tolerancia de capturas accidentales (fase juvenil): 10 % Límite de tolerancia de capturas accesorias: 5 % Prohibidos los descartes de peces en el mar Técnico de liberación de tortugas marinas Temporada de pesca del 1 de octubre al 30 de abril	Decreto Supremo núm. 017-2021-PRODUCE; Resolución Ministerial núm. 0359-2023-PRODUCE
Recursos invertebrados bentónicos, incluidas las macroalgas	Punto de referencia biológico: BMSY Los planes de explotación de invertebrados marinos costeros los establece un grupo organizado de pescadores que gestionan zonas específicas y fijan las vedas de reproducción, los límites de tamaño, las zonas espaciales de pesca, la temporada de pesca, las restricciones para otras especies, las zonas de reserva pesquera y la conservación del ecosistema con prácticas pesqueras.	Decreto Supremo núm. 018-2021-PRODUCE, 2021; Resolución Ministerial núm. 209-2001-PRODUCE, 2001
Calamar gigante (*Dosidicus gigas*)	Punto de referencia biológico: 2/3BMSY Pesca altamente selectiva	Decreto Supremo núm. 003-2025-PRODUCE, 2025; Resolución Ministerial núm. 120-2022-PRODUCE, 2022; Resolución Ministerial núm. 51-2025-PRODUCE, 2025
Pulpo (*Octopus mimus*)	Punto de referencia biológico: BMSY Peso límite: 1 kg Restricciones de zona Prohibida la extracción de hembras ovígeras	Resolución Ministerial núm. 312-2023-PRODUCE, 2023

Nota: BMSY: biomasa correspondiente al rendimiento máximo sostenible; CTP: capturas totales permisibles; LT: longitud total.

Los principales instrumentos utilizados para gestionar el esfuerzo de pesca en Perú son las CTP o las cuotas individuales de captura (en la pesca del jurel). PRODUCE fija las CTP para la siguiente temporada de pesca, teniendo en cuenta la recomendación del IMARPE basada en su evaluación anual de la población. Las CTP pueden dividirse a su vez dentro de cada pesquería por segmento de flota (p. ej., artesanal y en pequeña escala) y arte de pesca. En consecuencia, para cada temporada de pesca, PRODUCE publica la asignación de CTP por segmento de flota. Por ejemplo, en 2024, en la pesca del jurel, la flota artesanal con red de cerco quedó limitada a 188 toneladas en 12 viajes de pesca al mes, mientras que la flota de palangre quedó limitada a 60 kg por viaje de pesca diario con un máximo de 30 al mes (Decreto Supremo núm. 396-2024-PRODUCE). El IMARPE controla el cumplimiento de la cuota de cada segmento pesquero y las temporadas de pesca quedan vedadas una vez que se ha capturado el 90 % de la cuota.

De las 29 poblaciones que el IMARPE evalúa de manera periódica, el 76 % (22 poblaciones) se clasifican como plenamente explotadas (véase el presente documento más arriba para obtener más información) y no se permite ningún aumento del esfuerzo de pesca. En los casos en que la evaluación de la población indica que el recurso está sano (~MSY), el IMARPE recomienda límites de CTP sostenibles (YMSY o FMSY)[4] a PRODUCE. Sin embargo, cuando el recurso está por debajo del MSY (es decir, sobreexplotado o en recuperación), la recomendación del IMARPE consiste en establecer un régimen de capturas basado en principios de precaución, en el que la CTP se define a partir de criterios de pesca más conservadores, como 2/3YMSY o F0,1.

Una vez fijadas las CTP, se utilizan distintas modalidades para garantizar su cumplimiento de forma eficaz. En particular, Perú ha puesto en marcha sistemas de cogestión para las poblaciones de invertebrados bentónicos (Decreto Supremo núm. 018-2021-PRODUCE), que son explotadas exclusivamente por pescadores artesanales. En consecuencia, los grupos comunitarios trabajan con el IMARPE y PRODUCE para crear y poner en práctica planes de gestión. Bajo este régimen, las comunidades que explotan esta pesquería están obligadas a crear un plan de extracción de recursos bentónicos, donde determinan, entre otras cosas, las tasas de explotación en función de los límites establecidos en las leyes y los reglamentos pesqueros (es decir, BMSY). Los planes de extracción dan lugar a la creación de zonas exclusivas de reserva pesquera, que impiden a los pescadores artesanales que no forman parte del grupo comunitario capturar invertebrados bentónicos. Estas zonas funcionan de forma similar a los derechos territoriales de uso de la pesca. Sin embargo, no excluyen otras pesquerías, como la de especies de peces comerciales.

Recuadro 3.1. Capturas accesorias en las pesquerías peruanas

La captura de especies no objetivo, o capturas accesorias, supone un reto para la ordenación pesquera a nivel mundial, ya que puede afectar negativamente a los ecosistemas marinos y tener repercusiones económicas para los pescadores (Pérez Roda et al., 2019[11]). En Perú, las capturas accesorias se regulan a través de los Reglamentos de Ordenamiento Pesquero (ROP) de cada pesquería, los cuales establecen los límites para las capturas accesorias de cada embarcación (tanto de pabellón nacional como extranjero). Los límites para cada embarcación varían en función de la población de peces y figuran en los permisos de pesca de los buques. Los límites de capturas accesorias se determinan para cada población de peces independiente mediante la publicación del ROP de dicha población (promulgado mediante resolución ministerial). Por ejemplo, el límite de capturas accesorias en la pesca de la anchoveta está limitado al 5 % de la descarga total.

No existe una evaluación global de las capturas accesorias en las pesquerías peruanas. Sin embargo, en el contexto de las investigaciones sobre determinadas técnicas de pesca, zonas geográficas, poblaciones o pesquerías, o especies, se han evaluado los datos sobre las capturas accesorias. En particular, Alfaro-Shigueto et al. (2018[12]) estudiaron la captura accesoria de tortugas marinas en el sureste del Pacífico y estimaron las capturas incidentales anuales totales de Perú en 5 828 tortugas en 2018, con una tasa de mortalidad del 50,8 %. Bouchon, Limache y Ulloa (2018[13]) estimaron que las capturas accesorias de calamar gigante en la pesca con red de cerco de la anchoveta, el jurel y el jurel chileno alcanzaron las 6 247 toneladas aproximadamente entre 2000 y 2015, habiéndose registrado mayores capturas accesorias en la región centro-norte que en la región sur. Varios estudios han examinado también las capturas accesorias en la pesca de dorado, tiburón, langostino y atún. Ayala y Sánchez-Scaglioni (2014[14]) midieron las capturas accesorias en la pesca de dorado y tiburón con palangre, y descubrieron que se registraron capturas accesorias de tortugas en el 26 % de los casos (con una proporción de 0,21 tortugas/1 000 anzuelos), siendo la tortuga verde (*Chelonia mydas agassizii*; el 65,6 %) y la tortuga boba (*Caretta caretta*; el 21,9 %) las capturadas con mayor frecuencia.

Un estudio diferente sobre las capturas accesorias en la pesca con palangre y redes de deriva estimó que, entre 2005 y 2011, unas 5 000 aves al año sufrieron impactos (Mangel, 2012[15]).

En la pesca de la anchoveta, los estudios han evaluado la repercusión de la pesca industrial con redes de cerco. En cuanto a los valores globales de capturas accesorias, Torrejón Magallanes (2014[16]) estimó que dichas capturas en la pesca industrial con redes de cerco en el centro-norte peruano ascendieron en promedio a 44 823 toneladas anuales entre 2005 y 2011. Saldarriaga Mendoza (2015[17]) estimó que las capturas accesorias en dicha pesca afectaron a más de 35 especies (2003-2011), incluidos peces, moluscos y crustáceos, aunque la caballa representó el mayor volumen de capturas accesorias durante el período. Otro estudio diferente realizado entre 2017 y 2021 reveló que las capturas accesorias en la pesca industrial de la anchoveta en el norte afectaron a 21 especies distintas, y el lobo marino común (*Otaria flavescens*), la pardela sombría (*Ardenna grisea*) y el cormorán guanay (*Phalacrocorax bouganvilli*) representaron el 95 % de las capturas (IFOP, 2022[18]).

Tratamiento de las capturas accesorias

Los problemas de las capturas accesorias no son exclusivos de Perú, ya que se estima que, entre 2010 y 2014, un promedio anual del 11 % de las capturas mundiales se clasificaron como capturas accesorias (Pérez Roda et al., 2019[11]). Además, se calcula que, en todo el mundo, al menos 20 millones de ejemplares de especies en peligro, amenazadas o protegidas interactúan cada año con los pescadores (1 millón de aves marinas, 8,5 millones de tortugas, 225 000 serpientes marinas, 650 000 mamíferos marinos y 10 millones de tiburones) (Pérez Roda et al., 2019[11]). Las intervenciones destinadas a hacer frente a las capturas accesorias incluyen la veda temporal y espacial, la utilización de las capturas accesorias, las cuotas de capturas accesorias y las artes de pesca más selectivas; Perú ya hace uso de muchas de estas intervenciones en varias pesquerías. Hacer que las vedas temporales y espaciales sean más dinámicas y respondan a los flujos de datos en tiempo real y a los modelos ecológicos (de forma similar a los sistemas existentes para gestionar la anchoveta) puede ayudar a hacer frente a las capturas accesorias, al tiempo que se reducen los efectos para los pescadores (Hazen et al., 2018[19]). Sin embargo, en el caso de las pesquerías que utilizan artes no específicas (por ejemplo, las redes de enmalle, aún muy extendidas en la pesca artesanal peruana), unas soluciones más innovadoras, como dispositivos disuasorios acústicos o luminosos, podrían reducir las capturas accesorias de especies amenazadas como las tortugas o los cetáceos (Mangel et al., 2013[20]; Bielli et al., 2020[21]).

3.3.2. Las deficiencias normativas en torno a la pesca artesanal podrían socavar la gestión de algunas especies

Perú aplica una gestión con fundamento científico para la mayoría de las principales especies de peces comerciales, con especial atención a los peces de aleta y al calamar gigante. Son unas prioridades comprensibles, dados los recursos limitados y los costos (capital humano, financiero y técnico) que conlleva la realización de evaluaciones periódicas de las poblaciones. Sin embargo, aunque el IMARPE evalúa de forma periódica 13 ROP y 30 poblaciones (que abarcan 28 especies), en los últimos años se han identificado 207 especies diferentes en los desembarques marinos y 127 en la pesca continental. Esto significa que un número considerable de las especies explotadas (que, en conjunto, suponen una contribución relativamente modesta a los desembarques) no están sujetas a medidas de gestión con fundamento científico ni al seguimiento del estado de las poblaciones de peces.

Cabe destacar que las licencias de pesca artesanal conceden al segmento de la flota artesanal el derecho exclusivo a pescar todas las especies existentes en un radio de 5 millas náuticas de la costa, con excepción de las especies cubiertas por los ROP y las que cuentan con algún otro tipo de protección. Por consiguiente, al menos en teoría, algunas de estas especies podrían estar sobreexplotadas y los regímenes de ordenación pesquera no son capaces de dar una respuesta. En realidad, el IMARPE y PRODUCE sí reúnen datos sobre los desembarques de todas las especies procedentes de la pesca artesanal, los cuales se pueden utilizar al menos para comprender de forma básica los efectos de la pesca en las poblaciones, incluso a falta de una evaluación más exhaustiva. No obstante, la complejidad y la envergadura del sector artesanal, junto con la escasez de recursos, dificultan la reunión oportuna de datos sobre todas las especies. Por último, en algunos casos, esta falta de reglamentación, combinada con las deficiencias en la supervisión de la capacidad de la flota artesanal (véase el presente documento más adelante), ha dado lugar a una sobrecapitalización de la flota, con consecuencias ambientales y económicas negativas que también podrían extenderse a otras pesquerías.

3.3.3. La sobrecapacidad y la informalidad en la flota artesanal están muy extendidos debido a la escasa aplicación de la ley y a los astilleros ilegales

Perú cuenta con un amplio y complicado sector pesquero artesanal. Equilibrar la capacidad de la flota con las posibilidades de pesca es uno de los principales retos a los que se enfrentan los responsables de la formulación de políticas, sobre todo teniendo en cuenta que la gran mayoría de los recursos pesqueros de Perú están plenamente explotados (véase el presente documento más arriba). En general, la gestión del esfuerzo de pesca artesanal se basa en el control de la expedición de permisos de pesca. Una vez que el buque está en posesión de los carnés de pesca necesarios, de un sistema de conservación a bordo y de un certificado sanitario (es decir, para evitar las malas prácticas de manipulación tras la captura), las autoridades portuarias también le concederán permiso para navegar.

Sin embargo, la reglamentación no ha resultado eficaz a la hora de controlar el aumento de la capacidad de la flota, de modo que la flota pesquera artesanal en Perú ha crecido durante muchos decenios, y gran parte de ese crecimiento se ha producido al margen de la supervisión gubernamental (De la Puente et al., 2020[22]; Sueiro and De la Puente, 2015[23]; IMARPE, 2024[24]). Según las estimaciones de una encuesta estructural sobre la pesquería artesanal marina (ENEPA IV), en 2022 operaban en Perú 23 138 embarcaciones de pesca artesanal, casi 5 000 (27 %) embarcaciones más de las que están registradas oficialmente. Además, la encuesta reveló que la flota pesquera había aumentado un 29 % desde la encuesta anterior, de 2015, cuando se estimaba que había 17 920 embarcaciones artesanales. Esto supuso un aumento del 130 % desde 2004, cuando la flota total se estimaba en 9 667 buques. La encuesta también reveló un aumento del 112 % en la capacidad de la flota (medida como capacidad de almacenamiento en bodega)[5] entre 2015 y 2022 (IMARPE, 2024[24]). Cabe señalar que muchos buques nuevos se construyeron en astilleros ilegales y no estaban inscritos en el Registro Único de Embarcaciones Pesqueras, a pesar de las numerosas iniciativas de formalización de PRODUCE. El aumento extraoficial del tamaño de la flota puede relacionarse con la proliferación de astilleros clandestinos, que construyen, modifican o reconvierten de manera ilegal embarcaciones artesanales.

Como respuesta, en 2012 se prohibió la construcción de nuevas embarcaciones en pequeña escala (Decreto Supremo 005-2012 y Decreto Supremo 006-2015)[6]. Desde 2018, a la prohibición de construir nuevos buques se suman nuevas sanciones, las cuales facultan a las autoridades gubernamentales a intervenir y confiscar los buques construidos de forma ilegal en astilleros clandestinos[7], así como a juzgar la construcción y modificación ilegales de embarcaciones pesqueras como delito contra los recursos naturales[8]. Igualmente, en 2018 se aprobó una nueva normativa[9] que faculta al Estado para incautarse de bienes y recursos vinculados de cualquier forma a actividades ilícitas o derivados de estas. Esta nueva normativa hace referencia explícita a las infracciones en el ámbito de la pesca, de modo que permite a las autoridades gubernamentales confiscar recursos pescados ilegalmente y bienes como buques pesqueros.

En teoría, estas medidas deberían haber impedido un crecimiento significativo de la flota, pero esta siguió aumentando (SPDA, 2023[25]; IMARPE, 2024[24]). La debilidad de las medidas de SCV, en particular por parte de los gobiernos regionales, y la tendencia a los vacíos legales del sistema de sanciones y multas no resultaron realmente disuasivos, por lo que la producción o la mejora ilegales de los buques pesqueros continuó (Mendo et al., 2023[26]).

El desarrollo descontrolado de la flota de pesca artesanal ha causado una sobrecapitalización en algunas zonas, dando lugar a una ineficiencia económica y a una reducción de la rentabilidad del sector, lo que puede afectar al bienestar de los propios pescadores (PRODUCE, 2024[27]). Además, la existencia de una flota informal significativa puede minar la ordenación pesquera y las evaluaciones de las poblaciones, ya que implica que el esfuerzo de pesca real puede ser mayor del registrado. Esto no solo ejerce presión sobre los recursos, sino que también socava las hipótesis en las que se basa la evaluación de las poblaciones y la ordenación con fundamento científico. Dado que estas embarcaciones no se recogen en los registros oficiales de PRODUCE, no están sujetas a la misma supervisión que los pescadores legítimos, lo que da lugar a una competencia desleal y a unas oportunidades reducidas que socavan la sostenibilidad social y económica del sector.

Hay poca información sobre el número y la ubicación de esos astilleros clandestinos, y los datos oficiales de los astilleros legales son de 2012. Se necesita una labor coordinada de todas las instituciones pertinentes (también de PRODUCE) para actualizar el censo nacional de astilleros, que es el primer paso para comprender mejor la situación y encontrar posibles vías para abordar el problema. Por último, para que los sistemas de ordenación sigan siendo eficaces, es necesario proseguir con los esfuerzos de formalización e intensificarlos con el fin de garantizar que todos los pescadores activos estén registrados ante las autoridades competentes.

3.3.4. Pesca continental

El marco reglamentario de las actividades pesqueras en aguas continentales está contenido en la Ley General de Pesca y en la Ley sobre la Conservación y Aprovechamiento Sostenible de la Diversidad Biológica, y se desarrolla a través del Reglamento de Ordenamiento Pesquero de la Amazonía Peruana y del Reglamento de Ordenamiento Pesquero y Acuícola para la Cuenca del Lago Titicaca. Al igual que en el caso de las actividades pesqueras en aguas marinas, las competencias de aplicación y cumplimiento se reparten entre el Gobierno nacional (PRODUCE) y los gobiernos regionales. El ROP del río Amazonas fue aprobado mediante el Decreto Supremo 015-2009 en abril de 2009 y crea un marco general para el uso sostenible de los recursos acuáticos y para las actividades pesqueras en la cuenca amazónica peruana. El ROP define medidas de gestión de los insumos y productos, como las temporadas de pesca, las tallas mínimas y las artes y los métodos de pesca permitidos y prohibidos, entre otros aspectos. También define el marco para la investigación científica y la reunión de datos en la cuenca.

El Reglamento de Ordenamiento Pesquero y Acuícola para la Cuenca del Lago Titicaca se adoptó mediante el Decreto Supremo 023 de 2008. Es uno de los principales instrumentos de ordenación de la pesca continental y una herramienta integral que busca el equilibrio entre la conservación de la diversidad biológica acuática, la reglamentación de las actividades pesqueras y el fomento de la acuicultura sostenible en la zona del lago. El ROP establece la puesta en práctica de medidas de cooperación con las autoridades bolivianas, dado el carácter compartido de esta cuenca, para promover el uso racional de los recursos pesqueros transfronterizos y brindar asistencia a las comunidades. Estos ROP se elaboraron hace más de 15 años y no se han revisado ni actualizado. En estos momentos, se está actualizando el ROP de la Amazonía Peruana en consulta con las comunidades indígenas de la cuenca.

La falta de información científica sobre el estado de las principales pesquerías continentales es uno de los obstáculos más importantes para su ordenación sostenible (Duponchelle et al., 2021[28]; Paredes et al., 2024[29]). Las estimaciones indican que, en algunas zonas, la sobrepesca ya ha afectado al nivel de capturas y a la variedad de especies capturadas (por ejemplo, se han reducido las capturas de especies longevas y han aumentado las de especies poco longevas) (FAO, 2023[30]; Heilpern et al., 2022[31]). A esto se suman las deficiencias de SCV de la pesca interior y una falta de coordinación con las autoridades de los países vecinos, en particular con Brasil, Colombia y Ecuador, en la Amazonía, sobre todo para la gestión y la evaluación científica en aras de la conservación de las especies migratorias de la cuenca (Duponchelle et al., 2021[28]). Esto ha causado una mayor presión pesquera y una disminución de las capturas, lo que afecta a las especies migratorias.

La pesca continental en Perú se enfrenta a muchos retos adicionales, como las repercusiones de la deforestación, en particular en la región amazónica; la expansión de la frontera agrícola; y los efectos de la minería ilegal. Todos estos fenómenos afectan negativamente a las especies migratorias, degradan el ecosistema y reducen la disponibilidad de agua (FAO, 2023[30]), lo que causa una disminución de la producción pesquera total de las cuencas fluviales. Además, en otras regiones, como la zona del lago Titicaca, la sobrepesca se ve agravada por problemas graves como la introducción de especies foráneas para la acuicultura, como el pejerrey o la trucha arcoíris, que tienen repercusiones negativas en el ecosistema local (Sueiro and De la Puente, 2015[23]).

References

Alfaro-Shigueto, J. et al. (2018), "Untangling the impacts of nets in the southeastern Pacific: Rapid assessment of marine turtle bycatch to set conservation priorities in small-scale fisheries", *Fisheries Research*, Vol. 206, pp. 185-192, https://doi.org/10.1016/j.fishres.2018.04.013. [12]

Ayala, L. and R. Sánchez-Scaglioni (2014), "Captura, esfuerzo y captura incidental de la pesca con espinel en el centro de Perú", *Revista Peruana de Biología*, Vol. 21/3, pp. 243-250, https://doi.org/10.15381/rpb.v21i3.10898. [14]

Bahri, T. et al. (2021), "Adaptive management of fisheries in response to climate change", *FAO Fisheries and Aquaculture Technical Paper*, No. 667, Food and Agriculture Organization of the United Nations, Rome, https://doi.org/10.4060/cb3095en. [1]

Bielli, A. et al. (2020), "An illuminating idea to reduce bycatch in the Peruvian small-scale gillnet fishery", *Biological Conservation*, Vol. 241, p. 108277, https://doi.org/10.1016/j.biocon.2019.108277. [21]

Bouchon, M., J. Limache and D. Ulloa (2018), "Bycatch of jumbo flying squid (Dosidicus gigas) in the Peruvian purse-seine fishery", *Boletín del Instituto del Mar del Perú*, Vol. 33/2, https://repositorio.imarpe.gob.pe/bitstream/20.500.12958/3244/1/Boletin%2033%282%297.pdf. [13]

Costello, C., S. Gaines and J. Lynham (2008), "Can catch shares prevent fisheries collapse?", *Science*, Vol. 321/5896, pp. 1678-1681, https://doi.org/10.1126/science.1159478. [8]

De la Puente, S. et al. (2020), "Growing into poverty: Reconstructing Peruvian small-scale fishing effort between 1950 and 2018", *Frontiers in Marine Science*, Vol. 7, https://doi.org/10.3389/fmars.2020.00681. [22]

Duponchelle, F. et al. (2021), "Conservation of migratory fishes in the Amazon basin", *Aquatic Conservation: Marine and Freshwater Ecosystems*, Vol. 31/5, pp. 1087-1105, https://doi.org/10.1002/aqc.3550. [28]

FAO (2023), *La situación y tendencia de las pesquerías continentales de América Latina y el Caribe*, Food and Agriculture Organization of the United Nations, Rome, https://doi.org/10.4060/cc3839es. [30]

Government of Peru (2001), *General Regulation of the Fisheries Law*, http://www.gob.pe/uploads/document/file/418473/Decreto_Supremo_Nº_012-2001-PE.pdf?v=1573142303. [32]

Government of Peru (1992), *General Fisheries Law*, https://spij.minjus.gob.pe/spij-ext-web/#/detallenorma/H757193. [3]

Hazen, E. et al. (2018), "A dynamic ocean management tool to reduce bycatch and support sustainable fisheries", *Science Advances*, Vol. 4/5, https://doi.org/10.1126/sciadv.aar3001. [19]

Heilpern, S. et al. (2022), "Biodiversity underpins fisheries resilience to exploitation in the Amazon river basin", *Proceedings of the Royal Society B: Biological Sciences*, Vol. 289/1976, https://doi.org/10.1098/rspb.2022.0726. [31]

Hoshino, E. et al. (2020), "Individual transferable quotas in achieving multiple objectives of fisheries management", *Marine Policy*, Vol. 113, p. 103744, https://doi.org/10.1016/j.marpol.2019.103744. [6]

IFOP (2022), *Informe final: Programa de observadores cientificos: Programa de investifacion y monitoreo del descarte y de la captura de pesca incidental en pesquerias pelagicas, ano 2021-2022*, Fisheries Development Institute, Valparaíso, Chile, https://www.ifop.cl/wp-content/contenidos/uploads/RepositorioIfop/InformeFinal/2022/P-581180_mejorado.pdf. [18]

IMARPE (2024), *Informe ejecutivo "Cuarta encuesta estructural de la pesqueria artesanal en el litoral peruano, ENEPA IV 2022-2023"*, Ministry of Production, https://cdn.www.gob.pe/uploads/document/file/6908889/5966295-cuarta-encuesta-estructural-de-la-pesqueria-artesanal-en-el-litoral-peruano-enepa-iv-2022-2023.pdf. [24]

Kristofersson, D., S. Gunnlaugsson and H. Valtysson (2021), "Factors affecting greenhouse gas emissions in fisheries: Evidence from Iceland's demersal fisheries", *ICES Journal of Marine Science*, Vol. 78/7, pp. 2385-2394, https://doi.org/10.1093/icesjms/fsab109. [5]

Kroetz, K. et al. (2019), "Examination of the Peruvian anchovy individual vessel quota (IVQ) system", *Marine Policy*, Vol. 101, pp. 15-24, https://doi.org/10.1016/j.marpol.2018.11.008. [9]

Mangel, J. (2012), *Interactions of Peruvian Small Scale Fisheries with Threatened Marine Vertebrate Species*, Doctor of Philosophy in Biological Sciences Thesis, https://core.ac.uk/download/pdf/12826741.pdf. [15]

Mangel, J. et al. (2013), "Using pingers to reduce bycatch of small cetaceans in Peru's small-scale driftnet fishery", *Oryx*, Vol. 47/4, pp. 595-606, https://doi.org/10.1017/s0030605312000658. [20]

Maxwell, S. et al. (2015), "Dynamic ocean management: Defining and conceptualizing real-time management of the ocean", *Marine Policy*, Vol. 58, pp. 42-50, https://doi.org/10.1016/j.marpol.2015.03.014. [2]

Mendo, T. et al. (2023), "Minimising discards while taking revenue into account: Spatio-temporal assessment of catches in an artisanal shrimp trawl fishery in Peru", *Fisheries Research*, Vol. 261, p. 106623, https://doi.org/10.1016/j.fishres.2023.106623. [26]

Merayo, E. et al. (2018), "Are individual transferable quotas an adequate solution to overfishing and overcapacity? Evidence from Danish fisheries", *Marine Policy*, Vol. 87, pp. 167-176, https://doi.org/10.1016/j.marpol.2017.08.032. [7]

Natividad, G. (2015), "Quotas, productivity, and prices: The case of anchovy fishing", *Journal of Economics & Management Strategy*, Vol. 25/1, pp. 220-257, https://doi.org/10.1111/jems.12148. [10]

Paredes, C. et al. (2024), *La pesca en el Perú: Una ruta hacia un futuro próspero y sostenible*, Universidad Continental, Fondo Editorial, Huancayo, Peru, https://doi.org/10.18259/978-612-4443-64-0. [29]

Pérez Roda, M. et al. (2019), "A third assessment of global marine fisheries discards", *FAO Fisheries and Aquaculture Technical Paper*, No. 633, Food and Agriculture Organization of the United Nations, Rome, https://openknowledge.fao.org/handle/20.500.14283/ca2905en. [11]

PRODUCE (2024), *Anuario estadistico pesquero y Acuicola 2023*, Ministry of Production, San Isidro, Lima, https://www.producempresarial.pe/anuario-estadistico-pesquero-y-acuicola-2023. [27]

Saldarriaga Mendoza, M. (2015), *Análisis de la captura incidental en la pesquería industrial de cerco anchovetera en el litoral peruano durante el período 2003-2011*, Thesis, https://repositorio.imarpe.gob.pe/handle/20.500.12958/3032. [17]

SPDA (2023), *Sintesis de propuesta normativa: Inclusion del delito de construccion ilegal de embarcaciones*, Peruvian Society for Environmental Law, Lima, https://spda.org.pe/wp-content/uploads/2024/02/sintesis-de-propuesta-normativa-embarcaciones_SPDA.pdf. [25]

Sueiro, J. and S. De la Puente (2015), *La pesca artesanal en el Perú: Diagnóstico de la actividad pesquera artesanal peruana (Segunda Edición)*, Food and Agriculture Organization of the United Nations, Rome. [23]

Torrejón Magallanes, E. (2014), *Estimación del descarte y captura incidental en la pesquería industrial de cerco del stock norte-centro de la anchoveta peruana (Engraulis ringens)*, Ensenada Center for Scientific Research and Higher Education, https://repositorio.imarpe.gob.pe/handle/20.500.12958/3033. [16]

Tveteras, S., C. Paredes and J. Peña-Torres (2011), "Individual vessel quotas in Peru: Stopping the race for anchovies", *Marine Resource Economics*, Vol. 26/3, pp. 225-232, https://doi.org/10.5950/0738-1360-26.3.225. [4]

Notas

[1] Anchoveta, calamar gigante, jurel chileno, caballa del Pacífico y bonito del Pacífico oriental.

[2] La población norcentral se encuentra entre los 2° S y los 16° S, mientras que la población meridional se define como los peces al sur de los 16° S.

[3] La tasa de explotación es la mortalidad por causa de la explotación expresada como una proporción de la mortalidad debida a causas naturales cuando la población no se explota (p. ej., biomasa virgen).

[4] Y_{MSY} hace referencia al nivel de capturas correspondiente al rendimiento máximo sostenible; es diferente de F_{MSY}, que hace referencia a toda la mortalidad de la población e incluirá los efectos de procesos naturales como la depredación.

[5] Además de la eslora y el arqueo bruto de las embarcaciones, Perú también mide la capacidad total de su bodega. Las embarcaciones artesanales se caracterizan por tener hasta 32,6 m^3 de capacidad de bodega, hasta 15 metros de eslora total y 6,48 de arqueo bruto (Government of Peru, 2001[32]).

[6] PRODUCE suspendió la construcción de nuevas embarcaciones cuya capacidad de casco superara los 10 m^3 en 2006 (Decreto Supremo 020-2006; Decreto Supremo 018-2008; Decreto Supremo 015-2010). El alcance de esta prohibición se amplió a las embarcaciones de entre 5 m^3 y 10 m^3 en 2010 (Decreto Supremo 018-2010) y, finalmente, en 2012, se prohibió la construcción de cualquier embarcación artesanal nueva, independientemente de su tamaño (Decreto Supremo 005-2012 y Decreto Supremo 006-2015). En 2025, esta prohibición seguía vigente.

[7] Decreto Legislativo núm. 1393 (2018).

[8] Ley 31622 de 2022 y Ley 31982 de 2024.

[9] Decreto Legislativo 1373.

4 Apoyo gubernamental a la pesca en Perú

Este capítulo examina el apoyo del Gobierno peruano a la pesca, al describir la combinación de políticas y las repercusiones asociadas para la sostenibilidad y la productividad. Perú proporcionó 97 millones de USD al año en apoyo a la pesca (media de 2020 a 2022): una cifra moderada en términos absolutos en comparación con los miembros de la OCDE, pero baja en relación con el tamaño de la flota, el empleo o el valor de los desembarques. El gasto en seguimiento, control y vigilancia representa el 44 % de todo el apoyo, seguido de las ayudas a los ingresos (el 33 %). Se considera que alrededor de la mitad del apoyo (principalmente las ayudas a los ingresos y al desarrollo de infraestructura) supone un riesgo moderado (el 49 %) o alto (el 2 %) de fomentar la pesca no sostenible en ausencia de una gestión eficaz, en comparación con el 42 % del apoyo en el conjunto de la OCDE (un 8 % de riesgo alto y un 34 % de riesgo moderado). Por lo tanto, la política de apoyo de Perú coincide en gran medida con la de la OCDE.

Conclusiones clave

- Perú destinó, de media, 97 millones de USD al año a apoyar la pesca durante el período comprendido entre 2020 y 2022. Por lo tanto, Perú habría sido el décimo país de la OCDE que más apoyo prestó a la pesca durante ese período. El apoyo a la pesca en Perú fue equivalente a un 4 % del valor de los desembarques anuales (media de 2020 a 2022), 1 215 USD por pescador y 206 USD/AB (arqueo bruto). Todas estas medidas de intensidad relativa del apoyo son significativamente inferiores a las intensidades observadas en el promedio de la OCDE.
- El apoyo total en Perú aumentó un 35 % en el transcurso de un decenio (si se comparan las últimas ayudas con las de 2012, que fueron de 72 millones de USD). Después de un pico en 2018, cuando las ayudas totales fueron, en promedio, de 128 millones de USD, el apoyo se mantuvo estable durante los cuatro años siguientes en un promedio de 99 millones de USD.
- En el período comprendido entre 2020 y 2022, los principales tipos de apoyo en Perú fueron el gasto destinado a la ordenación, el seguimiento, el control y la vigilancia (OSCV) (que representa un 43 % de todo el apoyo), seguido de las ayudas a los ingresos (un 33 %) y el apoyo a la infraestructura (un 16 %).
- El perfil de riesgo de la combinación de políticas de apoyo en Perú indica que el 2 % del gasto entre 2020 y 2022 conllevó un riesgo alto de fomentar la pesca no sostenible en ausencia de una gestión eficaz y que el 49 % planteó un riesgo moderado. Es decir, el 51 % del apoyo supuso un riesgo (moderado o alto). En el conjunto de la OCDE, en el mismo período, el 42 % del apoyo planteó un riesgo de pesca no sostenible (un 8 % alto y un 34 % moderado), lo que significa que el riesgo inherente a la política de apoyo de Perú se ajusta en gran medida al de toda la OCDE, aunque con una mayor proporción de ayudas de riesgo moderado.

Recomendaciones

- Investigar los efectos socioeconómicos y en la sostenibilidad que tienen los programas de apoyo con riesgo elevado y moderado (p. ej., las ayudas a los ingresos y el apoyo a la construcción y modernización de las infraestructuras) con el fin de comprender mejor si estas políticas están logrando sus objetivos previstos y si podrían estar mejor orientadas para garantizar la sostenibilidad general del sector.
    - En concreto, tomar en consideración los vínculos entre la combinación de políticas de apoyo y la sobrecapacidad en el sector artesanal, en especial los programas con un riesgo moderado de promover la pesca no sostenible en ausencia de una ordenación eficaz, a fin de entender cómo se podrían seguir mejorando estas políticas para ofrecer un mejor respaldo a un sector pesquero artesanal sostenible y eficiente.

La publicación *OECD Review of Fisheries 2025* describe y analiza el apoyo a la pesca, sus repercusiones en la salud de las poblaciones de peces y el modo en que ha evolucionado en los últimos años en los miembros de la OCDE y otros grandes países pesqueros. Este análisis se basa en los principales indicadores utilizados en dicho informe y en los datos de Fisheries Support Estimate (FSE), una base de datos única que mide, describe y clasifica las políticas de apoyo a la pesca de forma coherente y transparente en todos los países y a lo largo del tiempo (Box 4.1). El siguiente análisis se centra en el apoyo de Perú al sector de la pesca de captura hasta 2022 y pretende realizar algunas comparaciones entre las políticas de apoyo de los países miembros de la OCDE y las de Perú. Todas las cifras indicadas son medias móviles de tres años, salvo que se indique lo contrario, y la mayoría de las comparaciones se realizan utilizando el promedio anual del período comprendido entre 2020 y 2022.

Recuadro 4.1. Base de datos Fisheries Support Estimate de la OCDE

La base de datos Fisheries Support Estimate (FSE) de la OCDE informa del valor monetario del apoyo gubernamental a la industria pesquera (tanto en aguas marinas como continentales, pero excluyendo la acuicultura). Recopila y clasifica los datos comunicados a la OCDE por los Gobiernos y recogidos por esta a partir de la documentación gubernamental oficial siguiendo un método que logra que los datos sean comparables entre los países y en el tiempo.

La base de datos FSE proporciona un inventario de las políticas que generan una transferencia de los contribuyentes a los pescadores, junto con el valor que transmiten anualmente al sector (tanto en USD como en la moneda nacional del país que presta el apoyo), así como información sobre sus características. La base de datos FSE clasifica las políticas en categorías mutuamente excluyentes en función del objeto del apoyo (por ejemplo, ayudas a la construcción y compra de embarcaciones, ayudas a los ingresos o ayudas al consumo de combustible).

La base de datos FSE también registra información sobre cualquier política que imponga al sector pesquero un pago por servicios prestados por el gobierno o por el acceso a los recursos pesqueros. Las tasas pagadas por los usuarios de los servicios pueden incluir infraestructura portuaria, servicios de ordenación pesquera y derechos de licencias o cuotas, así como impuestos a los beneficios de la pesca (tras el impuesto de sociedades) o sobre el valor o el volumen de los desembarques. Estos pagos reducen la medida en que los contribuyentes financian el apoyo a la pesca y, en ocasiones, incluso dan lugar a una contribución neta del sector pesquero a las finanzas públicas. Las características de estas políticas, junto con el valor de los pagos, también se registran en la base de datos FSE. La deducción de estos pagos del valor total del apoyo permite determinar el costo neto de la ayuda para el gobierno.

La última actualización de la base de datos FSE abarca el período comprendido entre 2010 y 2022 para 41 países y territorios que, en conjunto, representaron el 69 % del volumen mundial de producción pesquera marina de 2020 a 2022.

Fuente: OECD (2024[11]), *OECD Fisheries Support Estimate Manual*, https://www.oecd.org/content/dam/oecd/en/topics/policy-sub-issues/fisheries-subsidies/OECD-FSE-Manual-2024.pdf.

4.1. Apoyo a la pesca en Perú

4.1.1. Apoyo total e intensidad del apoyo

Perú destinó, de media, 97 millones de USD al año a apoyar la pesca entre 2020 y 2022. Por lo tanto, Perú habría sido el décimo país de la OCDE que más apoyo prestó a la pesca durante ese período (Gráfico 4.1)[1]. Además, la intensidad del apoyo a la pesca en Perú fue inferior a la media de la OCDE en todas las medidas utilizadas en el informe *OECD Review of Fisheries*: el apoyo ascendió al 4 % del valor de los desembarques (media de 2020 a 2022), en comparación con el 15,2 % en toda la OCDE durante el mismo período; en relación con el empleo, el apoyo de Perú ascendió a 1 215 USD por pescador/año, que es menos de una cuarta parte del promedio de la OCDE de 5 722 USD por pescador/año; y, en relación con la capacidad de la flota, Perú proporcionó 206 USD/AB, menos de un tercio del promedio de la OCDE de 703 USD/AB (Cuadro 4.1).

Cuadro 4.1. Apoyo al sector pesquero (promedio anual entre 2020 y 2022)

	Apoyo estimado a la pesca como porcentaje del valor de los desembarques	USD por pescador	USD por arqueo bruto	Tipo de apoyo principal
Países de la OCDE	15,2 %	5 722	703	OSCV
Perú	4 %	1 215	206	OSCV

Nota: OSCV: ordenación, seguimiento, control y vigilancia.
Fuentes: Datos de la OCDE: OECD (2024[2]), *Fisheries Support Estimate (FSE)*, https://www.oecd.org/en/topics/fisheries-subsidies.html. Los datos de Perú han sido facilitados por el Ministerio de la Producción.

Gráfico 4.1. Apoyo total anual a la pesca en los países miembros de la OCDE, promedio entre 2020 y 2022

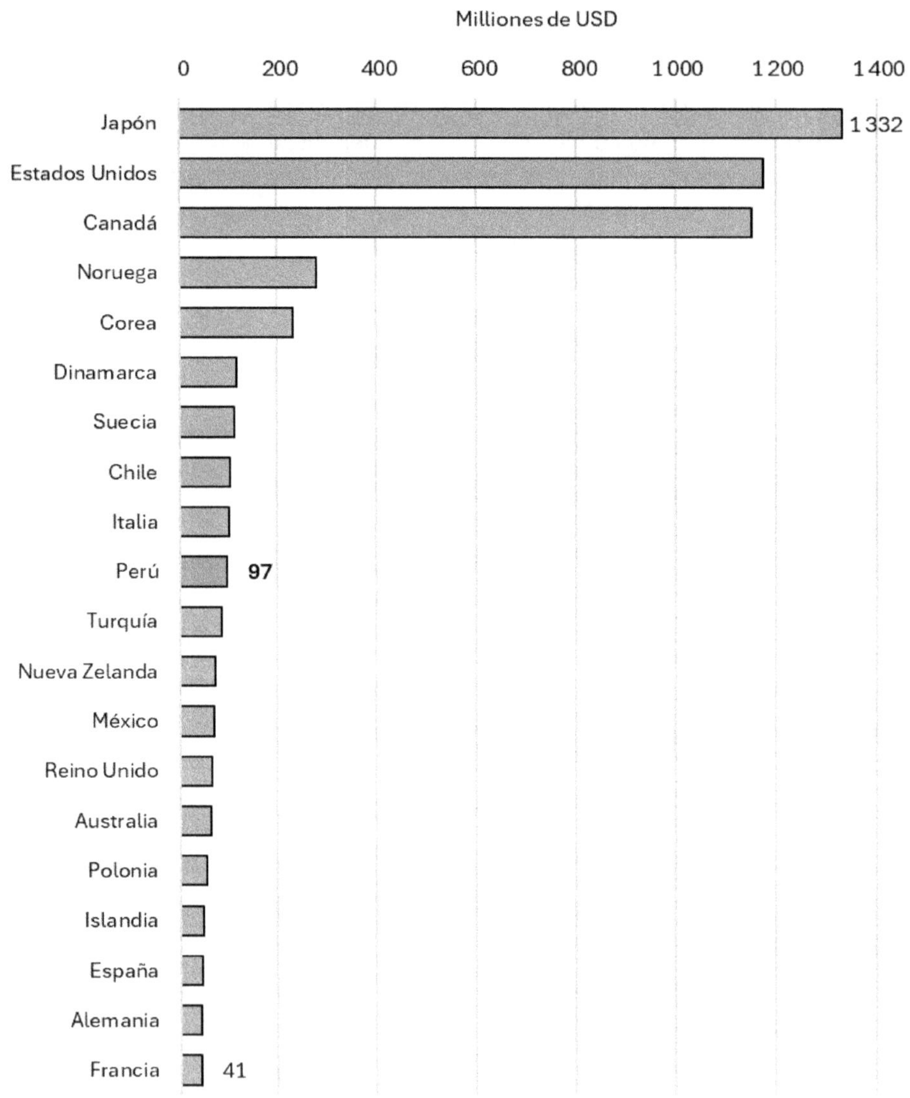

Nota: Por motivos de maquetación, el gráfico solo incluye los 20 primeros países miembros de la OCDE.
Fuente: Datos de la OCDE: OECD (2024[2]), *Fisheries Support Estimate (FSE)*, https://www.oecd.org/en/topics/fisheries-subsidies.html.

El apoyo total en Perú en 2022 aumentó un 35 % con respecto a 2012, cuando fue de 72 millones de USD. Después de un pico en 2018, cuando las ayudas totales fueron, en promedio, de 128 millones de USD, el apoyo se mantuvo estable desde 2019 en un promedio de 99 millones de USD (Gráfico 4.2).

Gráfico 4.2. Apoyo gubernamental a la pesca en Perú, 2012-2022

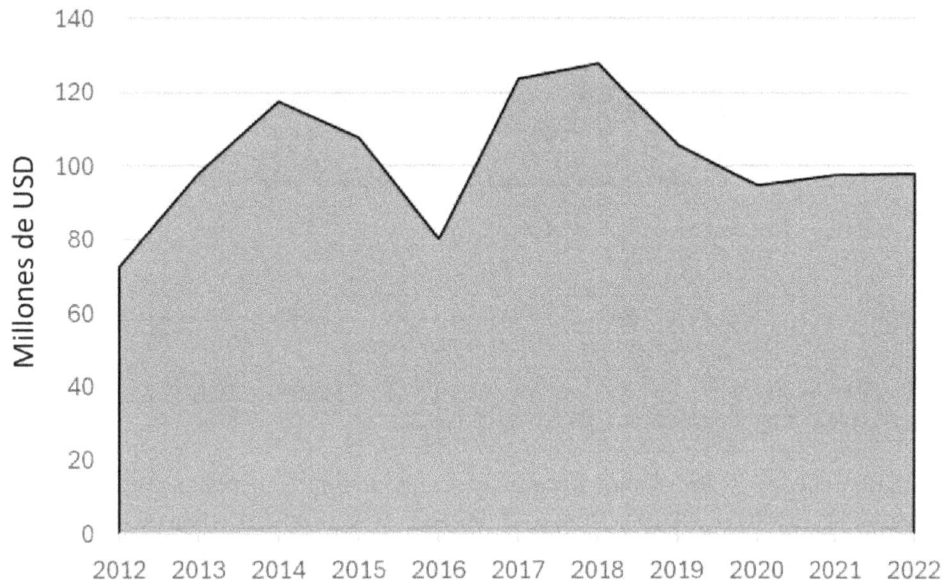

Fuente: Datos facilitados por el Ministerio de la Producción de Perú.

4.1.2. Pagos realizados por el sector

Perú informó de que los pagos realizados por el sector pesquero[2] fueron de 14 millones de USD en el período comprendido entre 2020 y 2022, lo que equivale a un 14 % aproximadamente del apoyo total proporcionado al sector. Los pagos del sector han ido en aumento desde 2008, cuando eran de 7 millones de USD.

Solo 13 miembros de la OCDE informaron de los pagos realizados por el sector en el contexto del informe *OECD Review of Fisheries 2025*, y Perú habría sido el 7.o país en términos de pagos totales y el 8.o al tomar en consideración los pagos como proporción del apoyo total. Los pagos del sector peruano adoptan la forma de pago de derechos de pesca (acceso a los recursos). En el ámbito de la OCDE, los pagos por acceso a recursos fueron la mayor forma explícita de pago (143,3 millones de USD), seguidos de los pagos por acceso a infraestructura (5,3 millones de USD). Los pagos realizados por el sector pesquero contribuyen de forma sustancial a los costos de apoyo a la industria y, en algunos casos excepcionales, incluso superan el valor de las ayudas (OECD, 2025[3]).

4.2. Composición del apoyo a la pesca en Perú

Los principales tipos de apoyo de Perú durante el período comprendido entre 2020 y 2022 fueron las actividades de OSCV (el 43 % de todo el apoyo), seguidas de las ayudas a los ingresos (el 33 %), el apoyo a la infraestructura (el 16 %) y otras clases (el 8 %), que son principalmente el apoyo a la comercialización y la promoción, y a la educación y la formación (Gráfico 4.3). La composición del apoyo de Perú es similar a la de la OCDE en su conjunto, con la notable excepción de las ayudas a los ingresos, que duplican con creces el promedio del 16 % de la OCDE.

Gráfico 4.3. Distribución del apoyo total a la pesca por las categorías principales, promedio entre 2020 y 2022

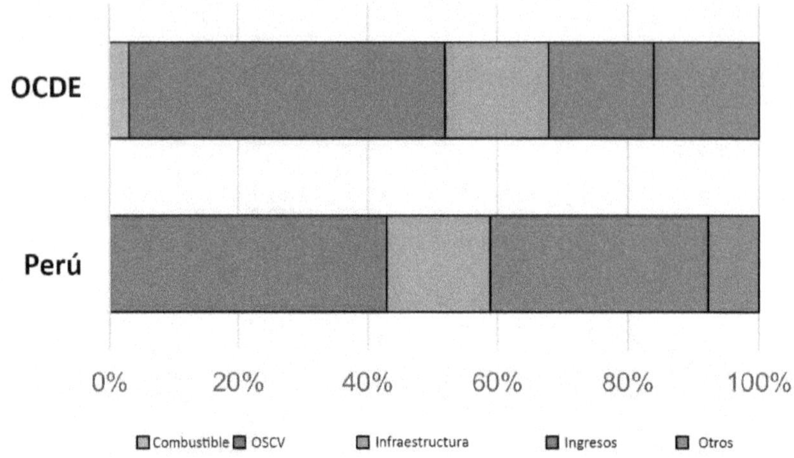

Nota: OSCV: ordenación, seguimiento, control y vigilancia.
Fuente: Datos de la OCDE: OECD (2024[2]), *Fisheries Support Estimate (FSE)*, https://www.oecd.org/en/topics/fisheries-subsidies.html. Los datos de Perú han sido facilitados por el Ministerio de la Producción del país.

La combinación de políticas de los últimos años es el resultado de la diversificación del apoyo en el último decenio (gráfico 4.4). En 2012, la gran mayoría del apoyo peruano se destinó a los ingresos de los pescadores (un 60 %), las actividades de OSCV (un 31 %) y la modernización de las embarcaciones (un 3 %). En 2022, la categoría con mayor proporción del apoyo total fueron las actividades de OSCV (un 43 %), seguidas de las ayudas a los ingresos de los pescadores (un 35 %) y las ayudas a la infraestructura, la construcción y la modernización (un 13 %).

Gráfico 4.4. Composición del apoyo de Perú a la pesca, 2012-2022

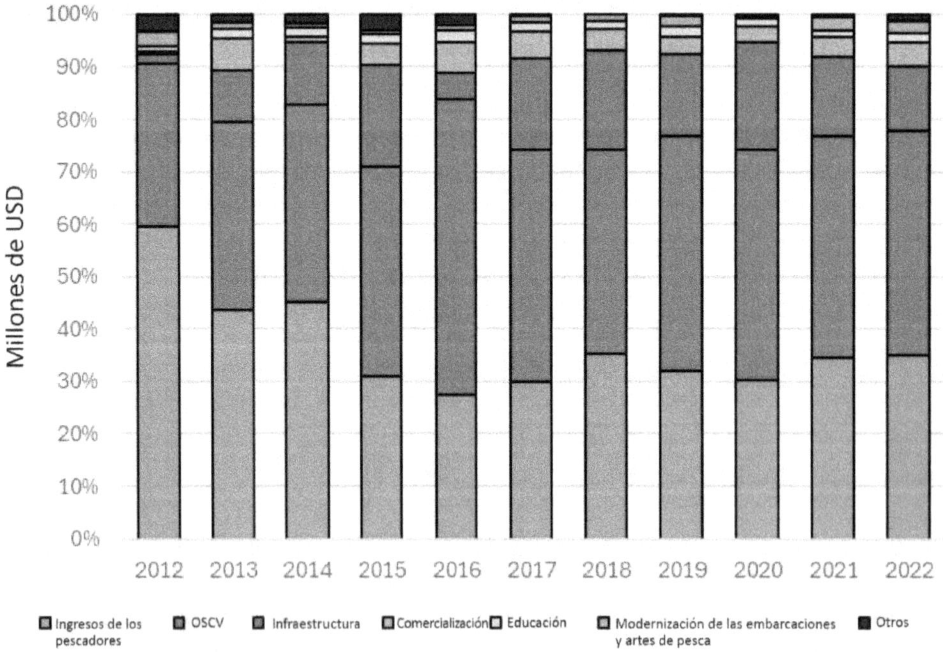

Nota: OSCV: ordenación, seguimiento, control y vigilancia.
Fuente: Datos facilitados por el Ministerio de la Producción de Perú.

4.2.1. Ordenación, seguimiento, control y vigilancia

El apoyo para labores de OSCV comprende tanto ayudas a las actividades de SCV como a las investigaciones de evaluación de las poblaciones. Ha habido un incremento considerable del gasto peruano en OSCV desde 2010-2012, y la mayor parte de dicho incremento se destinó a las evaluaciones de las poblaciones y las actividades de SCV. En Perú, el gasto en esta categoría fue de 41,6 millones de USD y representó el 43 % de todo el apoyo en el período comprendido entre 2020 y 2022. El apoyo a las actividades de OSCV aumentó un 135 % desde 2010-2012, cuando ascendía a 17,7 millones de USD. La intensidad del apoyo a dichas actividades fue de 88 USD/AB, una cifra considerablemente inferior al promedio de la OCDE, de 271 USD/AB.

En un mayor nivel de detalle, el apoyo a la ordenación pesquera fue de 13 millones de USD durante el período de 2020 a 2022 y se destinó a financiar los gastos de gestión del IMARPE y el FONDEPES (véase el capítulo 2), así como los programas relacionados con el estudio de los contaminantes del agua y el desarrollo de la pesca sostenible. El gasto en esta categoría se mantuvo estable desde 2010-2012, cuando ascendía a 13 millones de USD. En los países miembros de la OCDE, el apoyo a la ordenación fue de 2 000 millones de USD, lo que supone un aumento del 24 % en comparación con 2010-2012, y ahora representa el 37 % de todo el apoyo de la OCDE entre 2020 y 2022.

En la categoría de investigaciones de evaluación de las poblaciones, el apoyo total en Perú fue de 18,2 millones de USD en el período comprendido entre 2020 y 2022, un aumento del 397 % en comparación con 2010-2012, cuando fue de 3,7 millones de USD. Los recursos se destinaron a financiar las investigaciones científicas aplicadas que llevó a cabo el IMARPE, los costos de los buques de investigación científica y la reunión de datos y estudios científicos relacionados.

Finalmente, Perú gastó en promedio 10,1 millones de USD en SCV durante el período comprendido entre 2020 y 2022, casi 13 veces más que el monto registrado entre 2010 y 2012 (735 315 USD).

4.2.2. Apoyo a los ingresos de los pescadores

El apoyo a los ingresos de los pescadores (o apoyo a los ingresos) en Perú ascendió a 32 millones de USD en el período 2020-2022, el 33 % del apoyo total prestado. Este tipo de apoyo disminuyó un 20 % desde 2010-2012, cuando ascendía a 40 millones de USD. Por el contrario, en la OCDE, las ayudas a los ingresos se duplicaron desde 2010-2012, al pasar de 452 millones de USD a 877 millones de USD. La intensidad de las ayudas a los ingresos en Perú fue de 404 USD por pescador entre 2020 y 2022, menos de la mitad del promedio de 912 USD de la OCDE.

En 2022, este apoyo se prestó en el marco de un programa que reembolsa (parcial o totalmente) los derechos e impuestos a la importación gravados sobre los bienes y materiales contenidos en las mercancías exportadas o consumidos durante la producción de mercancías de exportación, para contribuir a la competitividad de las empresas. También se conceden ayudas a los ingresos para mitigar los efectos de los fenómenos climáticos adversos en determinadas pesquerías, como la del calamar gigante (Recuadro 4.2).

Recuadro 4.2. Apoyo financiero a los pescadores artesanales de calamar gigante

El intenso fenómeno de El Niño Costero de 2023-2024, el más grave en dos decenios, alteró drásticamente la distribución del calamar gigante, principal especie objetivo de la flota artesanal peruana. A partir de enero de 2024, la distribución del calamar fue cada vez más dispersa, especialmente a lo largo de la costa norte, lo que redujo su capturabilidad y causó un descenso del 67 % de los desembarques entre enero y agosto de 2024 en comparación con el mismo período de 2023. Esta escasez, agravada por la pesca ilegal de flotas extranjeras, dio lugar al cese de la actividad pesquera artesanal de miles de pescadores, sobre todo en la región de Piura, donde se asienta un tercio de la flota artesanal nacional.

En respuesta a la crisis, cada vez más pescadores intentaron reorientar sus operaciones hacia otras especies, como el dorado. Sin embargo, para esta transición fue necesario invertir en motores marinos, artes de pesca, insumos y tecnología. Como consecuencia, la demanda de crédito se disparó, superando la capacidad de respuesta del Fondo Nacional de Desarrollo Pesquero (FONDEPES) y poniendo de manifiesto la necesidad de poner en práctica un mecanismo financiero más sólido para apoyar la reconversión productiva y mitigar el efecto socioeconómico en las comunidades costeras.

En 2024, se aplicaron dos medidas de apoyo financiero para mitigar la menor presencia del calamar gigante. La primera consistió en una subvención extraordinaria única de 187 USD (700 PEN) concedida a todos los pescadores artesanales del país. La segunda fue un plan de crédito dirigido específicamente a los pescadores artesanales dedicados a la extracción de calamar gigante en el norte de Perú. La primera medida se aprobó a través del Decreto de Urgencia núm. 038-2023, que otorga una subvención económica extraordinaria a favor de pescadores artesanales y dicta otra disposición, y se aplicó en 2024.

El acceso a la subvención estaba sujeto a las condiciones siguientes:

- dedicarse formalmente a la actividad pesquera artesanal;
- estar incluido en el Padrón de Beneficiarios de los Pescadores Artesanales;
- no estar recibiendo prestaciones de otros programas sociales ni subvenciones económicas.

Esta subvención era una transferencia directa a todos los pescadores artesanales inscritos en el Padrón de Beneficiarios elaborado por el Ministerio de la Producción. Un total de 43 239 pescadores artesanales se beneficiaron del programa. El importe total desembolsado ascendió a 8 085 693 USD.

La segunda medida se aprobó mediante el Decreto Supremo núm. 225-2024-EF, que autoriza transferencia de partidas en el presupuesto del sector público para el año fiscal 2024 a favor del Fondo Nacional de Desarrollo Pesquero el 13 de noviembre de 2024. A través de este decreto, el FONDEPES recibió los fondos públicos necesarios para financiar líneas de crédito para los operadores de la pesca artesanal en las regiones costeras del norte. Los créditos se ofrecieron con un tipo de interés anual del 1 % y un plazo de reembolso de hasta 36 meses, e incluían un período de gracia de hasta 6 meses, sin necesidad de amortización inicial. Para los préstamos de hasta 51 000 PEN, solo se exigía un garante solidario. Para los préstamos superiores a esa cantidad y hasta 113 000 PEN, se exigía una garantía real.

Este sistema de crédito constituía un mecanismo de transferencia indirecta. Los solicitantes debían recibir primero la aprobación del crédito y luego proceder a la compra de los bienes (p. ej., materiales y equipos de pesca como combustible, hielo o víveres) o servicios (p. ej., reparación de motores; mantenimiento del casco y la propulsión de la embarcación; o sistemas eléctricos, mecánicos, hidráulicos y electrónicos). Para acceder a estas líneas de crédito extraordinarias, los solicitantes debían cumplir los criterios siguientes:

- tener entre 18 y 67 años;
- ser titular de un documento nacional de identidad válido;
- presentar una factura de servicios públicos o un certificado de residencia expedido por una autoridad judicial o municipal;
- presentar un presupuesto (factura proforma) de los bienes o servicios que se van a financiar;
- presentar una declaración jurada en la que declaren que se dedican a la extracción de calamar gigante o dorado en las zonas geográficas predefinidas;

- presentar el certificado de registro del buque pesquero.

A las personas jurídicas se les exigía tener un registro de contribuyentes activo y conforme, realizar una actividad económica vinculada a la pesca artesanal y tener en sus estatutos un objeto social relacionado con esta actividad.

En el marco de este plan, los fondos no se desembolsaban en efectivo. El FONDEPES transfería los fondos directamente a los proveedores elegidos por los pescadores, quienes, a su vez, proporcionaban los bienes o servicios solicitados.

4.2.3. Apoyo a la infraestructura

El apoyo de Perú a la infraestructura fue de 15,5 millones de USD al año en el período comprendido entre 2020 y 2022. Esta clase de apoyo aumentó de forma considerable desde 2012, cuando ascendía a 527 000 USD. Por el contrario, el apoyo a la infraestructura en toda la OCDE disminuyó un 10 % desde 2012. La intensidad del apoyo a la infraestructura fue de 33 USD/AB al año (promedio entre 2020 y 2022), cifra significativamente inferior a la del conjunto de la OCDE, donde fue de 914 USD/AB al año en ese mismo período.

Todo el apoyo a la infraestructura en Perú se realiza a través del FONDEPES, que ayuda a la construcción y modernización de la infraestructura pesquera artesanal. El objetivo del programa consiste en dotar a la pesca artesanal de medios que garanticen el cumplimiento de las normas de calidad, sanidad y seguridad, y prestar los servicios intermedios necesarios para el funcionamiento eficaz de la pesquería. Los recursos del FONDEPES se han utilizado en la construcción o la mejora de los lugares de desembarque, como instalaciones de procesamiento, almacenamiento y comercialización, en zonas costeras como las regiones de Moquegua y Piura, altamente dependientes de la actividad pesquera artesanal.

4.2.4. Otras categorías de apoyo

Entre 2020 y 2022, Perú gastó un promedio de 3,7 millones de USD en comercialización y promoción, un aumento significativo desde 2012, cuando fue de solo 101 000 USD. La intensidad del gasto en esta esfera fue de 8 USD/AB, una cifra similar al promedio de la OCDE, de 12 USD/AB. La mayor parte de este gasto se correspondió con los costos de gestión de SANIPES.

La única otra categoría en la que hubo un gasto notable fue la de educación y formación, en la que Perú gastó 1,4 millones de USD al año (promedio entre 2020 y 2022), el mismo nivel que en 2012. La intensidad del gasto en esta categoría fue de 18 USD por pescador, una cifra significativamente inferior al promedio de la OCDE de 81 USD por pescador y año durante ese mismo período.

4.3. Perfil de riesgo de la combinación de políticas de apoyo a la pesca en Perú

El informe *OECD Review of Fisheries 2025* (OECD, 2025[3]) propone un marco para evaluar el riesgo de que las políticas de apoyo fomenten la pesca no sostenible en ausencia de una ordenación eficaz (Gráfico 4.5). El marco establece el nivel de riesgo inherente que plantean los distintos tipos de políticas de apoyo en función de lo directamente que estos pueden afectar a los incentivos para los pescadores. A continuación, se combina con información adicional sobre el contexto político general, como la eficacia de los sistemas de ordenación, la salud de las poblaciones de peces y el diseño de la política de apoyo, lo que puede mitigar el riesgo real de que una determinada política fomente la pesca no sostenible. El marco, por lo tanto, proporciona un método pragmático para evaluar las políticas de apoyo y determinar cuáles son las reformas prioritarias.

Gráfico 4.5. Riesgos de fomentar la pesca no sostenible asociados a los distintos tipos de políticas de apoyo, en función de la ordenación pesquera, la salud de las poblaciones de peces y el diseño de las políticas

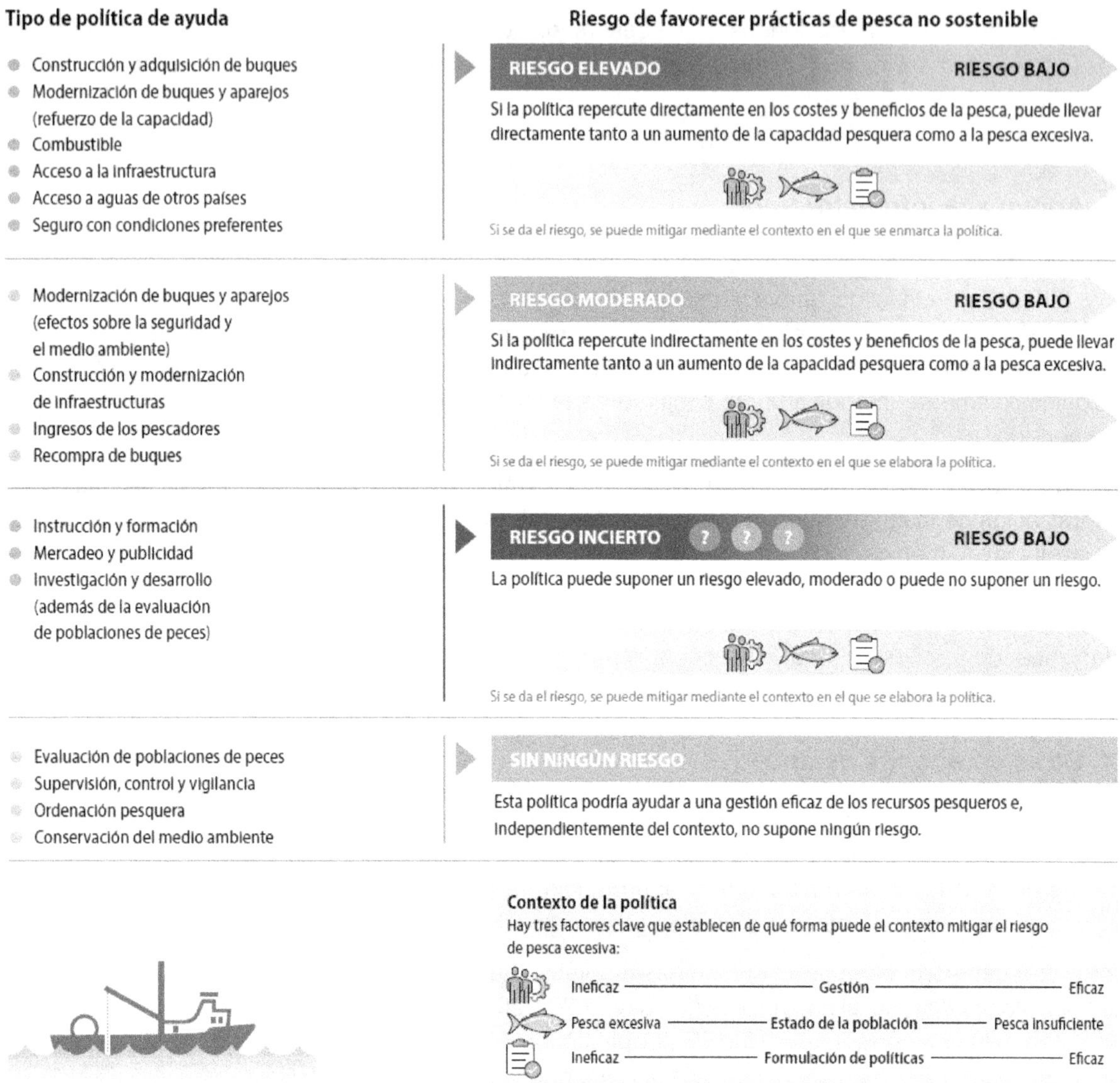

Fuente: OECD (2025[3]), *OECD Review of Fisheries 2025*, https://doi.org/10.1787/560cd8fc-en.

La aplicación de este marco al apoyo a la pesca de Perú indica que, en 2020-2022, el 2 % conllevó un riesgo alto y el 49 %, un riesgo moderado de fomentar la pesca no sostenible en ausencia de una ordenación eficaz, o lo que es lo mismo, el 51 % entrañó un riesgo (moderado o alto) (Gráfico 4.6). En la OCDE, en el mismo período, el 42 % del apoyo planteó un riesgo de pesca no sostenible (un 8 % alto y un 34 % moderado), lo que significa que el riesgo inherente a la política de apoyo de Perú se ajusta en gran medida al de toda la OCDE, aunque con una mayor proporción de ayudas de riesgo moderado. El apoyo con un riesgo moderado se correspondió íntegramente con ayudas a los ingresos y a la construcción y modernización de infraestructuras. El apoyo con un riesgo elevado en Perú fueron las ayudas para la modernización de buques y la compra de artes de pesca. Cabe destacar que Perú no declaró haber concedido ayudas gubernamentales al combustible ningún año y, de hecho, aplica un impuesto especial al diésel y otros combustibles utilizados para la navegación marítima.

Gráfico 4.6. Perfil de riesgo del apoyo a la pesca, 2020-2022

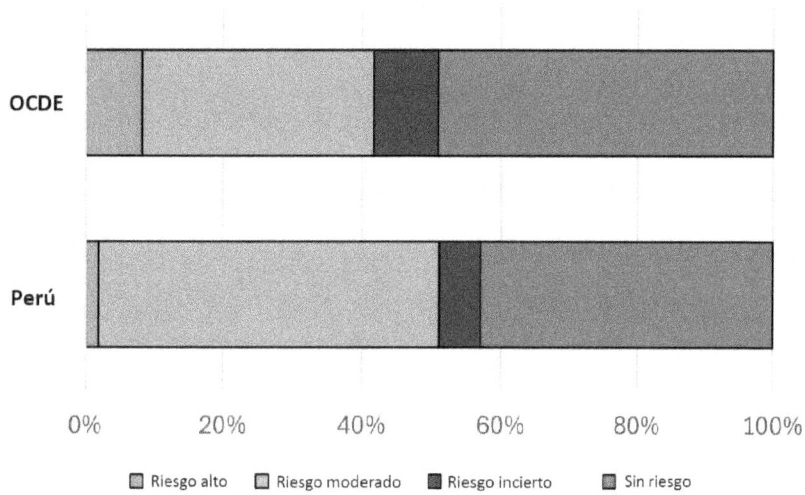

Fuente: Datos de la OCDE: OECD (2024[2]), *Fisheries Support Estimate (FSE)*, https://www.oecd.org/en/topics/fisheries-subsidies.html. Los datos de Perú han sido facilitados por el Ministerio de la Producción del país.

El contexto en el que se presta el apoyo reviste especial relevancia para entender la medida en que puede dar lugar a una sobrepesca en la práctica. Por ejemplo, si la ordenación puede limitar de forma eficaz cualquier capacidad o esfuerzo adicional, si los recursos pesqueros se encuentran infraexplotados o si el apoyo está dirigido a un grupo de pescadores, entonces es menos probable que las políticas de riesgo elevado y moderado conduzcan a una sobrepesca. En Perú, las principales poblaciones comerciales están sanas y son productivas, su estado se evalúa con regularidad y su ordenación se basa en una combinación adecuada de CTP y controles de insumos. En el caso de la anchoveta, es probable que los sistemas de SCV mitiguen gran parte de los riesgos (aunque no todos) asociados a la combinación de políticas de apoyo a la pesca (véase el capítulo 3, relativo a la ordenación pesquera).

Sin embargo, en otras pesquerías, en particular en el sector artesanal, la sobrecapitalización de la flota constituye un problema persistente, y es posible que algunas de las ayudas a la pesca estén contribuyendo a este problema en ciertas regiones, aunque sea de forma no intencionada. Alejarse del apoyo que conlleva un riesgo moderado de fomentar la pesca no sostenible, como las ayudas a los ingresos, y acercarse a tipos de apoyo de menor riesgo, como las actividades de OSCV, podría ayudar a atajar los problemas de sobrecapacidad. Alternativamente, la orientación específica del apoyo hacia pesquerías y segmentos de la flota bien gestionados y regulados podría contribuir a minimizar los riesgos. Por consiguiente, se necesita un examen minucioso del modo en que las distintas políticas de apoyo pueden estar contribuyendo a los problemas de sobrecapitalización de la flota en general, así como al crecimiento de los pescadores artesanales informales en particular, a fin de comprender mejor qué tipos de reformas son necesarias y dónde pueden aplicarse. Sin embargo, la informalidad no es un problema exclusivo de la pesca y no puede abordarse únicamente mediante reformando las políticas de apoyo a esta. Aun así, la adopción de políticas de menor riesgo redundará en beneficio de la sostenibilidad general del sector y de su resiliencia a las perturbaciones, lo que será cada vez más importante en el contexto de los retos que plantea el cambio climático.

References

OECD (2025), *OECD Review of Fisheries 2025*, OECD Publishing, Paris, https://doi.org/10.1787/560cd8fc-en. [3]

OECD (2024), *Fisheries Support Estimate (FSE)*, https://www.oecd.org/en/topics/fisheries-subsidies.html. [2]

OECD (2024), *OECD Fisheries Support Estimate (FSE) Manual*, OECD, Paris. [1]

Notas

[1] Los países miembros de la OCDE incluyen los 30 países para los que se dispone de información. No se dispone de datos sobre Austria, Chequia, Finlandia, Hungría, Israel, Luxemburgo, la República Eslovaca ni Suiza.

[2] La base de datos FSE registra los pagos realizados por el sector pesquero en tres categorías distintas: 1) pagos por el acceso a los recursos; 2) pagos por el acceso a infraestructura de propiedad estatal; y 3) otros pagos específicos de la pesca. Solo se incluyen los pagos con fines específicamente pesqueros, por lo que los impuestos generales recaudados en toda la economía quedan fuera del ámbito de la base de datos FSE, al igual que las multas y sanciones relacionadas con las prácticas de la pesca INDNR.

5 Seguimiento, control y vigilancia, y lucha contra la pesca ilegal, no declarada y no reglamentada en Perú

Este capítulo examina los sistemas peruanos de seguimiento, control, vigilancia y aplicación de la ley para desalentar las actividades de la pesca ilegal, no declarada y no reglamentada (INDNR). Perú emplea amplios y diversos sistemas de seguimiento, control y vigilancia, los cuales combinan el seguimiento satelital, la identificación de las embarcaciones y las inspecciones físicas. Los buques industriales y extranjeros están totalmente vigilados, y los artesanales deben adoptar tecnologías de seguimiento satelital antes de 2026. A pesar de estos avances, la capacidad de aplicación de la ley varía de forma considerable de una región a otra, donde la escasez de recursos, las deficiencias de formación y la elevada informalidad dificultan una supervisión eficaz. La pesca ilegal, no declarada y no reglamentada (INDNR) persiste, sobre todo en las flotas extranjeras dedicadas a la captura de calamar gigante. Aunque Perú cuenta con sólidos instrumentos jurídicos, las frecuentes reducciones y amnistías de las multas, junto con los limitados recursos para el control y la aplicación de la ley, han socavado su efecto disuasorio. El refuerzo de la coordinación interinstitucional, la eliminación de las prácticas de amnistía y la plena integración de las flotas artesanales en los sistemas electrónicos de seguimiento son fundamentales para mejorar el cumplimiento y reducir los riesgos de la pesca INDNR.

Conclusiones clave

- A través de la Ley General de Pesca y su Reglamento de aplicación, Perú dispone de un marco jurídico completo para el seguimiento, el control y la vigilancia (SCV) del sector pesquero.
- Perú cuenta con una buena coordinación interinstitucional en cuanto a las medidas de aplicación de la ley, sobre todo entre el Ministerio de la Producción (PRODUCE) y la Dirección General de Capitanías y Guardacostas. Esta cooperación se basa en el seguimiento electrónico, concretamente en el Sistema de Seguimiento Satelital de Embarcaciones Pesqueras (SISESAT) y el Sistema de Identificación y Monitoreo del Tráfico Acuático (SIMTRAC), tanto en aguas marinas como continentales.
- En el caso de las actividades pesqueras en pequeña escala y artesanales, el Gobierno nacional y los gobiernos regionales comparten las competencias de supervisión, inspección y vigilancia. Las actividades de SCV se llevan a cabo conjuntamente entre PRODUCE y los gobiernos regionales, en colaboración con otros organismos pertinentes. Sin embargo, los gobiernos regionales a menudo carecen de la capacidad necesaria para desempeñar de manera eficaz su función de seguimiento.
- Perú dispone de sistemas de registro y autorización de carácter integral en funcionamiento, los cuales engloban todos los operadores y buques pesqueros industriales, además de la pesca en pequeña escala y artesanal. Pese a ello, la informalidad continúa siendo una dificultad importante en el segmento de la pesca artesanal, en especial en las comunidades costeras remotas, pero también en los segmentos más desarrollados del sector pesquero, lo que limita la eficacia de las actividades de SCV.
- El marco jurídico peruano define la pesca ilegal en el Decreto Supremo que regula el Ley General de Pesca y en el Decreto Legislativo 1393, que regula las medidas contra las actividades pesqueras ilegales. También ha adoptado el Plan de Acción Internacional de la FAO para Prevenir, Desalentar y Eliminar la Pesca Ilegal, No Declarada y No Reglamentada, y ha incorporado a su legislación nacional el Acuerdo sobre Medidas del Estado Rector del Puerto, incluidas sus definiciones.
- La Ley General de Pesca y los instrumentos para su ejecución describen las prácticas y actuaciones prohibidas en el contexto de las actividades pesqueras y, en menor medida, de las actividades relacionadas con la pesca. En particular, contemplan más de 135 delitos, incluidas las actividades de transbordos no autorizados. Sin embargo, el efecto disuasorio de esta legislación se ha visto socavado por las recientes amnistías en el pago de multas.
- En junio de 2025, Perú se adhirió a la recomendación del Consejo de la OCDE sobre la eliminación del apoyo gubernamental a la pesca ilegal, no declarada y no reglamentada (INDNR) [OECD/LEGAL/0507], un instrumento jurídico que proporciona orientaciones prácticas en materia de políticas a los gobiernos para garantizar que ningún dinero público apoye la pesca ilegal.

Recomendaciones

- Trabajar por ampliar la cobertura del Sistema de Seguimiento Satelital (SISESAT) en la pesca artesanal al velar por la aplicación eficaz del Decreto Supremo 001-2025-PRODUCE, que ordena la instalación del sistema antes de que finalice 2026.
- Fortalecer las iniciativas interinstitucionales destinadas a juzgar y prevenir la construcción y modificación ilegales de buques pesqueros, en particular aplicando controles estrictos que cierren los astilleros ilegales e impidan su funcionamiento.

- Seguir mejorando las capacidades de los gobiernos regionales en el contexto del seguimiento, el control y la vigilancia, en particular a través del fomento de la capacidad y la mejora de los recursos tecnológicos.
- Reforzar el sistema de sanciones de la pesca ilegal, no declarada y no reglamentada, y fortalecer su efecto disuasorio al garantizar que sean proporcionales a la naturaleza y la gravedad de las infracciones, y al evitar nuevas amnistías para el pago de multas.

La lucha contra la pesca INDNR es un esfuerzo continuo emprendido por cada uno de los países miembros de la OCDE y por la comunidad internacional. La erradicación de la pesca INDNR requiere políticas eficaces de OSCV y de aplicación de la ley para las actividades pesqueras y relacionadas con la pesca por parte de los distintos países y de manera cooperativa entre los distintos Estados (OECD, 2020[1]). La labor de las OROP y el intercambio de información entre países son fundamentales para que pueda llevarse a cabo esa ordenación pesquera sostenible y cooperativa (Hutniczak, Delpeuch and Leroy, 2019[2]). Las actividades eficaces de OSCV deben complementarse con la sanción de las actividades de la pesca INDNR, de forma que se reduzcan efectivamente sus beneficios netos previstos (Delpeuch, Migliaccio and Symes, 2022[3]).

5.1. Seguimiento, control y vigilancia de la pesca en Perú

5.1.1. Marco jurídico integral y recientemente actualizado

La Ley General de Pesca es el principal instrumento jurídico por el que se rige la actividad pesquera en Perú, incluidos todos los aspectos de SCV y la lucha contra la pesca INDNR y las actividades relacionadas con la pesca. La Ley General de Pesca se aplica a través del Decreto Supremo 012-2001, el cual, en el título VIII, desarrolla las directrices jurídicas relativas al seguimiento, el control y la vigilancia en el sector pesquero, y existen distintos instrumentos jurídicos derivados que lo complementan. En conjunto, forman un paquete integral que engloba las responsabilidades de Perú en cada una de sus funciones en calidad de Estado del pabellón, Estado ribereño, Estado rector del puerto y Estado del mercado (FAO, 2001[4]). Además, Perú ha aprobado instrumentos jurídicos para la ejecución a fin de abordar los nuevos retos y adaptarse a la evolución tecnológica y jurídica. Más recientemente, el 25 de septiembre de 2024, se promulgó el Decreto Supremo núm. 014-2024, que adopta nuevas medidas dirigidas a las embarcaciones de pabellón extranjero que llevan a cabo actividades pesqueras en alta mar junto al dominio marítimo de Perú.

PRODUCE se encarga de formular y aplicar políticas nacionales de SCV de las actividades pesqueras en el medio marino. Dentro del Ministerio, la Dirección General de Supervisión, Fiscalización y Sanción (DGSFS) es el organismo técnico competente a nivel nacional. En el plano regional, las direcciones regionales son las responsables de hacer cumplir las políticas de PRODUCE en sus respectivas regiones. La DGSFS cuenta con tres direcciones especializadas, una responsable de la supervisión e inspección, otra competente en materia de vigilancia y control, y una tercera encargada de las sanciones. Las principales funciones de la DGSFS son las siguientes:

- formular planes, programas o proyectos de supervisión, inspección, control y vigilancia en materia pesquera y acuícola de alcance nacional;
- realizar actividades de supervisión, inspección, control y vigilancia;
- gestionar y supervisar el procedimiento administrativo sancionador (primera instancia administrativa);
- formular y ejecutar instrumentos internacionales relacionados con la lucha contra la pesca INDNR.

Para ello, la DGSFS dispone de su propia fuerza operacional de inspectores formados y del Programa de Vigilancia y Control de las Actividades Pesqueras y Acuícolas en el Ámbito Nacional. En 2023, Perú contaba con un total de 489 inspectores de pesca. De ellos, 206 estaban adscritos directamente a PRODUCE y 283 formaban parte del Programa de Vigilancia y Control (Interviews in the context of the Review, 2024[5]). Los inspectores se distribuyen por los distintos puntos de control del litoral peruano donde se desarrollan las actividades de producción pesquera y acuícola.

5.1.2. La cooperación interinstitucional y los sistemas de seguimiento integrados sustentan las operaciones de seguimiento, control y vigilancia

Según la Ley General de Pesca, PRODUCE es el responsable de las labores de SCV de las actividades pesqueras y debe coordinarse con los demás ministerios y organismos para aplicar correctamente el marco jurídico de la pesca. Las medidas e intervenciones de SCV en el mar contra la pesca INDNR se llevan a cabo conjuntamente con la DICAPI.

Dichas medidas e intervenciones se coordinan con otras instituciones pertinentes en los planos nacional y regional (Cuadro 5.1) y se complementan con el uso de diversas herramientas tecnológicas (véase el presente documento más adelante). Aunque mantienen su independencia y autonomía, existe un buen grado de cooperación y coordinación entre las distintas autoridades competentes en lo que respecta a las actividades de seguimiento y control de la pesca en el mar o en tierra.

Cuadro 5.1. Principales instituciones que participan en el seguimiento, el control y la vigilancia, y en la lucha contra la pesca ilegal, no declarada y no reglamentada en Perú

Institución	Competencias principales
Ministerio de la Producción	Diseño y aplicación de políticas, medidas de seguimiento y vigilancia, y administración de sanciones y multas.
Dirección General de Capitanías y Guardacostas	Dependiente del Ministerio de Defensa y en coordinación con el Ministerio del Interior, se encarga de la vigilancia del registro, la inspección y el control de los pescadores y buques pesqueros; y de la formación y gestión del personal de a bordo.
Autoridad Marítima	Dependiente del Ministerio de Defensa, es responsable de la seguridad de la vida humana en el mar y la protección del medio marino.
Policía Nacional	Apoya las actividades de control y vigilancia, lleva a cabo operaciones de control y realiza incautaciones y detenciones.
Organismo de Evaluación y Fiscalización Ambiental	Dependiente del Ministerio del Ambiente, se encarga de las medidas de vigilancia, seguimiento y control, con el fin de verificar el cumplimiento de las obligaciones ambientales.
Autoridad Portuaria Nacional	Responsable de: promover el desarrollo del sistema portuario nacional; fomentar la coordinación de las distintas partes interesadas; y conceder autorizaciones para la entrada de buques pesqueros en los puertos nacionales, el uso de la infraestructura portuaria y las actividades de transbordo.
Autoridad Nacional de Sanidad e Inocuidad en Pesca y Acuicultura	Responsable del control sanitario y fitosanitario, y de la vigilancia y trazabilidad del mercado.
Servicio Nacional de Áreas Naturales Protegidas	Dependiente del Ministerio del Ambiente, se encarga de supervisar la actividad pesquera en las zonas marinas protegidas, incluidos los mecanismos de vigilancia y control, así como de sancionar las infracciones administrativas.
Gobiernos regionales	Control y cumplimiento a nivel regional, a través de las direcciones regionales.

Fuentes: Government of Peru (1992[6]); *General Fisheries Law*, https://spij.minjus.gob.pe/spij-ext-web/#/detallenorma/H757193; Government of Peru (2024[7]), Review of Peru's fisheries and aquaculture: Policy information request for the background report informing the formal opinion of the OECD Fisheries Committee (COFI) on the accession of Peru to the Organisation.

Las actividades de SCV en Perú se llevan a cabo utilizando distintos sistemas electrónicos e inspecciones físicas que se complementan entre sí. En particular, Perú cuenta con dos sistemas de seguimiento de los buques pesqueros:

- El Sistema de Seguimiento Satelital de Embarcaciones Pesqueras (SISESAT) se creó en 2001 y se amplió en 2014 mediante el Decreto Supremo núm. 001-2014-PRODUCE. Está gestionado por PRODUCE y posibilita las labores de SCV de las actividades pesqueras en la ZEE de Perú. Consiste en una señal GPS que emiten de forma automática y en intervalos regulares establecidos las embarcaciones pesqueras en todo momento; dicha señal incluye la fecha y la hora de la posición, el ID del transmisor, las coordenadas, la velocidad y la trayectoria del buque pesquero.

  Es obligatorio que los buques pesqueros industriales en gran escala que pescan en la ZEE utilicen el SISESAT, independientemente de si tienen pabellón nacional o extranjero. En 2024, PRODUCE hizo que la instalación de los equipos del SISESAT fuese obligatoria para todas las embarcaciones extranjeras dedicadas a la captura de recursos pesqueros transzonales o transfronterizos, o que trataran de acceder a puertos peruanos para actividades de reparación, cambio de tribulación o suministros, por ejemplo. Además, en febrero de 2025, PRODUCE aprobó un nuevo decreto (Decreto Supremo 001-2025) que exige la instalación del SISESAT en las embarcaciones pesqueras artesanales antes de 2026.
- El Sistema de Identificación y Monitoreo del Tráfico Acuático (SIMTRAC), creado en julio de 2011 mediante el Decreto Supremo 008-2011-DE, es un sistema automático de posicionamiento de embarcaciones creado para determinar la posición y las operaciones de los buques. Engloba la navegación, el acceso, la estancia y la salida de las embarcaciones situadas en los puertos, los fondeaderos y las aguas de jurisdicción nacional. Es aplicable a todas las embarcaciones de pabellón nacional que naveguen fuera del medio acuático de Perú, a las embarcaciones pesqueras industriales de pabellón nacional y a todas las embarcaciones de pabellón extranjero que se encuentren operando o en tránsito dentro del territorio marítimo peruano. El SIMTRAC está gestionado y regulado por la DICAPI. Todos los buques pesqueros, incluidas las embarcaciones de pabellón extranjero que operan en el dominio marítimo peruano, deben tener instalado el SIMTRAC.

PRODUCE y la DICAPI cuentan con mecanismos institucionales para compartir la información pertinente de estas plataformas y coordinar las medidas de inspección y control. Estos dos sistemas se complementan con diferentes plataformas electrónicas y bases de datos desarrolladas por otros organismos gubernamentales que participan en el sector pesquero, en particular el Sistema de Trazabilidad de Pesca y Acuicultura (SITRAPESCA)[1], la base de datos de la Autoridad Marítima y la Ventanilla Única de Comercio Exterior (VUCE), entre otros. También se complementan con información procedente de sistemas satelitales de rastreo y sistemas de seguridad marítima de otros países, organizaciones regionales e iniciativas no gubernamentales, como el Centro de Fusión de la Información, la plataforma Indo-Pacific Information Sharing, SeaVision, MDA - Dark Vessel Detection y la plataforma Windward Maritime Analytics (Government of Peru, 2024[7]; Interviews in the context of the Review, 2024[5]).

En Perú, la vigilancia electrónica de las actividades pesqueras se integra con las inspecciones físicas mediante un enfoque complementario que mejora la eficacia, la cobertura y la capacidad de la supervisión estatal del sector pesquero. Esta integración se logra mediante la interoperabilidad de los sistemas electrónicos con operaciones sobre el terreno empleados por los inspectores de PRODUCE, el Organismo de Evaluación y Fiscalización Ambiental (OEFA), SANIPES, la DICAPI y las direcciones regionales (Gráfico 5.1).

Gráfico 5.1. Medios electrónicos y físicos para el control y la vigilancia de la pesca en Perú

Nota: SISESAT: Sistema de Seguimiento Satelital de Embarcaciones Pesqueras; SIMTRAC: Sistema de Identificación y Monitoreo del Tráfico Acuático; SITRAPESCA: Sistema de Trazabilidad de Pesca y Acuicultura; OEFA: Organismo de Evaluación y Fiscalización Ambiental; PRODUCE; Ministerio de la Producción; SANIPES: Autoridad Nacional de Sanidad e Inocuidad en Pesca y Acuicultura.

Bajo las órdenes de la DGSFS, en 2023, se llevaron a cabo un total de 117 719 actividades de inspección y control, de las cuales 3 096 se desplegaron en coordinación con dos o más instituciones públicas. Como resultado, ese mismo año se detectaron 1 236 infracciones (que representaban solo el 1 % del total de inspecciones) y se incautaron 3 425 t de productos pesqueros (Interviews in the context of the Review, 2024[5]). A esto se sumó la Autoridad Marítima Nacional, que llevó a cabo ese año 1 620 acciones contra la pesca INDNR, 480 de las cuales fueron operaciones multisectoriales coordinadas con distintas instituciones (Interviews in the context of the Review, 2024[5]).

Aunque la inversión significativa ha reforzado las actividades de SCV, el Gobierno y otras partes interesadas destacan algunos retos pendientes para mejorar la eficiencia de los procesos de SCV y de aplicación de la ley, como la mejora y el fortalecimiento de la capacidad institucional de las entidades de aplicación de la ley y el aumento de la inversión en recursos humanos, equipos y tecnología (Gozzer-Wuest, Alonso-Población and Tingley, 2021[8]; Paredes et al., 2024[9]; Interviews in the context of the Review, 2024[5]; OECD/ECLAC, 2017[10]). Para ello, las autoridades peruanas están introduciendo en estos momentos diversas mejoras en el marco reglamentario, al tiempo que siguen invirtiendo en recursos tecnológicos. En particular, PRODUCE está desarrollando un proyecto de inspección en línea para ampliar el alcance de las inspecciones y lograr que sean más eficaces.

5.1.3. Gobiernos regionales: un eslabón potencialmente débil en el sistema de seguimiento, control y vigilancia

En el caso de las actividades pesqueras en pequeña escala y artesanales, el Gobierno nacional y los gobiernos regionales comparten las competencias de supervisión, inspección y vigilancia. Las actividades de SCV se llevan a cabo conjuntamente entre PRODUCE y los gobiernos regionales. Los gobiernos regionales, a través de sus respectivas direcciones regionales, son responsables de hacer cumplir la reglamentación relacionada con la pesca artesanal dentro de sus jurisdicciones territoriales, incluidas las sanciones por infracciones, si procede.

Los gobiernos regionales y PRODUCE coordinan sus actuaciones y aplican medidas conjuntas para prevenir y sancionar las infracciones relacionadas con la pesca. En concreto, se están realizando esfuerzos para llevar a cabo actividades colaborativas de fomento de la capacidad destinadas a implicar a las comunidades locales en la gestión eficaz de los recursos marinos, con el fin de promover una comprensión adecuada de los reglamentos pertinentes y garantizar la sensibilización sobre las multas y sanciones asociadas en caso de incumplimiento. Además, PRODUCE colabora con los inspectores locales de las direcciones regionales para impartir formación sobre el uso de herramientas tecnológicas para actividades de SCV, así como sobre la aplicación de sanciones. Las medidas de control y supervisión que adoptan de manera conjunta PRODUCE y las direcciones regionales se aplican en el mar, en los lugares de desembarque y en los mercados. Los gobiernos regionales también participan en actividades generales de control conjunto ejecutadas por PRODUCE, la DICAPI y la Policía Nacional.

Aunque los marcos jurídicos que definen las competencias y responsabilidades de los gobiernos regionales en la labor de SCV de la pesca artesanal son claros y están bien definidos, las limitaciones de capacidad pueden obstaculizar su aplicación, socavando así el control de las actividades pesqueras. Dichas limitaciones incluyen los escasos recursos (humanos y tecnológicos) de que disponen las instituciones locales para llevar a cabo las actividades de SCV y la falta de conocimientos y formación de los inspectores en lo que a las prácticas pesqueras se refiere. Estos problemas también se ven exacerbados por los bajos niveles de confianza que las comunidades de pescadores tienen en las autoridades locales encargadas de hacer cumplir la ley (Mendo et al., 2023[11]; McKinley et al., 2018[12]; Paredes et al., 2024[9]; Interviews in the context of the Review, 2024[5]; Gozzer-Wuest, Alonso-Población and Tingley, 2021[8]). Por último, estos problemas se ven agravados por el alto grado de informalidad por el que se caracteriza el sector pesquero en las regiones costeras remotas, no solo en lo que respecta a las actividades pesqueras, sino también a los astilleros no reglamentados, las prácticas de comercialización informales y los sistemas de registro y autorización, como se explica más adelante.

5.2. Mecanismos de registro y autorización de las actividades pesqueras en Perú

5.2.1. El sector pesquero peruano utiliza desde hace tiempo sistemas electrónicos de gestión de datos

Perú dispone de sistemas de registro y autorización de carácter integral en funcionamiento, los cuales engloban todos los operadores y buques pesqueros industriales, además de la pesca en pequeña escala y artesanal. Pese a ello, la informalidad continúa siendo una dificultad importante en el segmento de la pesca artesanal, en especial en las comunidades costeras remotas, pero también en los segmentos más desarrollados del sector pesquero.

Perú cuenta con un registro de embarcaciones disponible para su consulta pública en el sitio web de la DICAPI, en cumplimiento de sus obligaciones en calidad de Estado del pabellón. En él, está disponible una lista de los buques pesqueros con licencias de navegación vigentes, tanto embarcaciones peruanas como embarcaciones de pabellón extranjero. Proporciona información pormenorizada sobre el nombre de la embarcación y los números de la Organización Marítima Internacional y de licencia, entre otros.

Perú también dispone de un registro exhaustivo de los buques pesquero. El registro, de acceso público, lo administra PRODUCE y contiene información pormenorizada sobre las características de la embarcación, el número de licencia, el propietario del buque, las autorizaciones pesqueras y cualquier sanción o procedimiento administrativo, entre otros datos.

Estos registros permiten ejercer con eficacia la jurisdicción y el control sobre los buques pesqueros industriales. Según la Ley General de Pesca, todos los buques, los pescadores y las instalaciones pesqueras deben estar inscritos en el Registro General de Pesquería. Los permisos de pesca se expiden con sujeción a determinadas condiciones (zona, especies, volumen y artes de pesca) para facilitar el control y la eficacia de la gestión.

Por último, los pescadores comerciales pueden entregar electrónicamente los datos sobre sus capturas y desembarques a través de los diarios de navegación electrónicos. Los certificados de capturas de importación o reexportación y las declaraciones de procesamiento, así como los certificados de capturas validados para la exportación desde sus propios buques, se controlan a través de sus sistemas electrónicos. En general, los sistemas son similares a los que existen y se aplican en toda la OCDE y que permiten a los Estados del pabellón controlar mejor los buques nacionales y eliminar de manera eficaz las operaciones pesqueras que contravienen la legislación vigente (Hutniczak, Delpeuch and Leroy, 2019[2]).

5.2.2. Las actividades de las flotas extranjeras plantean importantes retos para la sostenibilidad de los recursos

Una de las esferas prioritarias señaladas por las autoridades peruanas y los pescadores industriales y artesanales a efectos de ordenación de la pesca marítima se corresponde con el control y el cumplimiento de la ley respecto de las actividades que llevan a cabo las flotas extranjeras en las pesquerías peruanas. En los últimos años, PRODUCE, en colaboración con las instituciones pertinentes, ha actualizado y modernizado el marco jurídico de control de las actividades de las embarcaciones de pabellón extranjero que operan en aguas peruanas y, en su caso, en aguas internacionales.

Las embarcaciones de pabellón extranjero se rigen y se regulan por la Ley General de Pesca y el Reglamento conexo. La legislación peruana determina las condiciones en las que se pueden desarrollar las actividades pesqueras extranjeras, el modo en que pueden explotar los recursos pesqueros y los procedimientos de inspección y control aplicables. Además, la actividad de las embarcaciones de pabellón extranjero también está regulada por una serie de decretos supremos, que establecen medidas de SCV aplicadas por PRODUCE y la DICAPI.

De acuerdo con la Ley General de Pesca, los buques peruanos tienen derechos preferentes sobre las cuotas pesqueras del país, por lo que las embarcaciones de pabellón extranjero que operan en aguas peruanas solo pueden extraer recursos dentro de la cuota no utilizada por la flota pesquera nacional, lo que limita su potencial pesquero. La reglamentación pesquera obliga en todos los casos a las embarcaciones de pabellón extranjero a contar con un permiso de pesca otorgado por PRODUCE y con un permiso de navegación expedido por la DICAPI, a instalar los sistemas SISESAT y SIMTRAC, y a llevar a bordo un observador técnico-científico designado por el IMARPE. Los permisos de pesca para buques extranjeros no son transferibles e indican las zonas de las operaciones; la cuota de captura asignada; las tasas pagaderas; y los requisitos, las condiciones y los mecanismos de control aplicables. La Ley General de Pesca y el Reglamento conexo no imponen restricciones a la participación de capital extranjero para las embarcaciones registradas en Perú, pero exige que al menos el 30 % de la tripulación de las embarcaciones de pabellón extranjero que operen en aguas jurisdiccionales sea de nacionalidad peruana. Asimismo, los propietarios extranjeros deberán acreditar su residencia y representación legal en Perú.

La Ley General de Pesca también define las condiciones en las que las embarcaciones de pabellón extranjero pueden acceder a los recursos marinos. Requiere la firma de un contrato con una empresa nacional para explotar determinados recursos o realizar actividades pesqueras de investigación. Asimismo, las embarcaciones de pabellón extranjero también pueden pescar en aguas peruanas en virtud de acuerdos que Perú haya suscrito con otros países u organizaciones regionales, o mediante la firma de acuerdos marco entre PRODUCE y entidades privadas extranjeras. Por último, las embarcaciones de pabellón extranjero tienen la obligación de informar a PRODUCE de sus capturas por especies y zonas de pesca en las que faenan. Las embarcaciones de pabellón extranjero que finalicen sus operaciones de pesca y deban abandonar las aguas jurisdiccionales por razones logísticas deberán solicitar una inspección y verificación de los productos a bordo.

A pesar de este sólido marco jurídico, en la práctica existen importantes retos en el control de las embarcaciones de pabellón extranjero que operan en aguas peruanas, y las instituciones gubernamentales, los pescadores industriales y artesanales y otras partes interesadas han detectado prácticas INDNR, en especial en las zonas de la ZEE peruana adyacentes a alta mar, que resultan más difíciles de controlar (Gozzer-Wuest, Alonso-Población and Tingley, 2021[8]; Interviews in the context of the Review, 2024[5]; Paredes et al., 2024[9]). Cabe destacar que gran parte de las actividades INDNR detectadas afectan a la pesca de calamar gigante, que es sumamente importante para los pescadores artesanales de Perú (Recuadro 5.1).

Recuadro 5.1. Las embarcaciones extranjeras y la pesca de calamar gigante

El calamar gigante (*Dosidicus gigas*) es una especie altamente migratoria situada principalmente en la región del Pacífico sudoriental, cuya población da lugar a una de las mayores capturas a escala mundial. Según la Organización de Ordenación Pesquera Regional del Pacífico Sur (SPRFMO), las capturas anuales alcanzaron una media de 800 000 toneladas (t) entre 2015 y 2020 (SPRMFO, 2022[13]).

Perú y la República Popular China (en lo sucesivo, «China») son los dos países que más calamar gigante pescan. El calamar gigante es la segunda pesquería más importante de Perú después de la anchoveta, con 622 000 t desembarcadas en 2023 (PRODUCE, 2024[14]; 2024[15]) y un promedio de capturas anuales de más de 400 000 t entre 2015 y 2020 (SPRMFO, 2022[13]). Todos los desembarques proceden de la flota artesanal peruana, que tiene acceso exclusivo a la pesquería del calamar gigante (Decreto Supremonúm. 014-2011-PRODUCE). En la actualidad, existen unos 4 500 barcos oficiales en la flota artesanal que pescan calamar gigante (IMARPE, 2024[16]). Además, el calamar gigante ha sido, con diferencia, la especie más pescada por los pescadores artesanales en los últimos años. En 2023, representó el 49,2 % de los desembarques totales del sector (PRODUCE, 2024[14]). Las capturas de calamar gigante se destinan tanto al consumo local como a la exportación: de las 622 000 t desembarcadas en 2023, se exportaron 341 000 t (el 55 % de los desembarques totales). El principal destino de las exportaciones fue China, con un 34 % del valor total de las exportaciones de productos de la especie (282 millones de USD) (Silva, 2024[17]; PRODUCE, 2024[14]; PROMPERU, 2023[18]).

China cuenta con una flota industrial de calamar, que, en 2024, constaba de 671 embarcaciones calamareras con potera registradas (SPRMFO, 2024[19]). La presencia china en la pesquería del calamar gigante ha crecido rápidamente en los últimos años, al pasar de una cifra estimada de 104 buques en 2010 a 671 en 2024 (Aroni, 2020[20]; SPRMFO, 2024[19]). De 2015 a 2020, China tuvo una captura media anual de más de 300 000 t procedentes de la pesca en alta mar, con un total de 358 000 t en 2020 (SPRMFO, 2022[13]). El aumento de la flota calamarera de pabellón chino en los últimos años y la proximidad de los caladeros a aguas peruanas ha incrementado las posibilidades tanto de conflicto con los pescadores peruanos como de actividad pesquera ilegal en aguas peruanas.

Para hacer frente a estas dificultades, Perú ha tomado medidas destinadas a actualizar y reforzar el marco jurídico con el fin de mejorar la actividad de SCV y la conformidad de las actividades pesqueras por parte de las embarcaciones de pabellón extranjero. El 25 de septiembre de 2024, PRODUCE promulgó el Decreto Supremo núm. 014-2024, que establece nuevas medidas centradas específicamente en las embarcaciones de pabellón extranjero que realizan actividades pesqueras dirigidas a especies acuáticas altamente migratorias, transzonales o transfronterizas en alta mar junto al dominio marítimo de Perú (véase el presente documento más arriba).

5.3. La lucha contra la pesca ilegal, no declarada y no reglamentada en Perú

El marco jurídico peruano define la pesca ilegal en el Decreto Supremo que regula el Ley General de Pesca y en el Decreto Legislativo 1393, que regula las medidas contra las actividades pesqueras ilegales. También ha adoptado el Plan de Acción Internacional de la FAO para Prevenir, Desalentar y Eliminar la Pesca Ilegal, No Declarada y No Reglamentada, y ha incorporado a su legislación nacional el AMERP, incluidas sus definiciones.

5.3.1. Perú aplica las medidas previstas en el AMERP

Perú cuenta con medidas para el control portuario de los buques pesqueros, encaminadas a prevenir, desalentar y eliminar la pesca INDNR. El principal fundamento jurídico de esas medidas es la Ley General de Pesca y su Reglamento, así como el AMERP. El AMERP establece normas universales mínimas para evitar que las embarcaciones de pabellón extranjero desembarquen productos de la pesca INDNR en los puertos (de modo que abarca la entrada en los puertos, el uso de estos, las inspecciones y las medidas de seguimiento). Las medidas del Estado rector del puerto se utilizan cada vez más en toda la OCDE como una herramienta adicional para luchar contra la pesca INDNR, a menudo menos costosa y más segura que el control y la inspección de los buques en el mar (OECD, 2020[1])[2].

Perú ratificó el AMERP en septiembre de 2017, y el Acuerdo entró en vigor en octubre de ese mismo año. Como parte de la aplicación, Perú facilita información al Registro mundial de buques de pesca, transporte refrigerado y suministro y al Sistema mundial de intercambio de información, ambos de la Organización para la Alimentación y la Agricultura (FAO). Asimismo, Perú está adoptando de manera gradual un enfoque de gestión de riesgos para la inspección de los buques que se aplica antes de la llegada a puerto de las embarcaciones a fin de mejorar la eficiencia.

En septiembre de 2024, Perú actualizó su marco reglamentario para luchar contra las actividades de la pesca INDNR y mejorar la aplicación del AMERP mediante el Decreto Supremo 014-2024. Este refuerza las medidas de control en el contexto de la inspección de los buques, que ahora se aplican a cualquier embarcación de pabellón extranjero que solicite o requiera operaciones, actividades o servicios dentro del territorio peruano. Esto incluye las actividades de transbordo; el almacenamiento de productos marinos; la asistencia técnica; el aprovisionamiento; el suministro de alimentos o combustible; el transporte; el suministro de artes de pesca; los cambios de tripulación; la documentación; las reparaciones de maquinaria o artes de pesca; los servicios de astillero; y otros casos que requieran la entrada a un puerto, las instalaciones o los fondeaderos peruanos. El Decreto proporciona a Perú un marco para regular las actividades relacionadas con la pesca, que constituye un punto débil en la lucha contra la pesca INDNR a nivel mundial (Hutniczak, Delpeuch and Leroy, 2019[2]; OECD, 2020[1]).

Las últimas actualizaciones también refuerzan la coordinación interinstitucional, al asignar responsabilidades claras y complementarias a las distintas instituciones públicas. Por ejemplo, como parte de los esfuerzos por mejorar los controles portuarios, Perú incluyó un Componente Portuario en la VUCE, gestionado por el Ministerio de Comercio Exterior y Turismo. En caso de incumplimiento o alto riesgo, la información se notifica a la Autoridad Portuaria Nacional, que tiene potestad para tomar decisiones sobre la entrada de los buques a puerto y las condiciones del acceso.

5.3.2. Medidas relacionadas con el mercado

Dado que Perú es uno de los exportadores de productos pesqueros más importantes del mundo, las medidas de mercado constituyen una dimensión sumamente relevante en sus políticas de lucha contra la pesca INDNR. Las medidas de mercado pueden ser una herramienta útil en la lucha contra la pesca INDNR, ya que reducen los beneficios asociados y aumentan el riesgo financiero al cerrar los mercados a los productos procedentes de dicha clase de pesca (OECD, 2020[1]). Por lo general, las medidas de mercado consisten en mejorar la trazabilidad de los productos alimenticios marinos, sensibilizar a los consumidores sobre la pesca INDNR, restringir el apoyo público a los operadores que practican la pesca INDNR y restringir el acceso al mercado del pescado capturado de forma INDNR (sin crear barreras innecesarias al comercio de productos marinos). Algunas medidas se han generalizado en la OCDE, como la normativa que exige que los productos marinos exportados e importados vayan acompañados de un certificado de origen que confirme su procedencia legal. Las medidas adoptadas por los países exportadores e importadores de productos alimenticios marinos para cerrar sus mercados a los productos procedentes de la pesca INDNR se han diseñado no solo para reducir las perspectivas de beneficios ligadas a la pesca INDNR, sino también para animar a los países exportadores a intensificar su cooperación en la lucha contra esa clase de pesca (OECD, 2020[1]).

Perú ha establecido y aplica medidas de mercado para luchar contra la pesca INDNR en consonancia con las prácticas internacionales y con las normas que siguen los miembros de la OCDE, y cuenta con medidas relacionadas con el comercio que, en general, son conformes con los acuerdos y las normas internacionales (FAO, 2021[21]; WTO, 2020[22]). En particular, dispone de diversos mecanismos para rastrear y certificar que los recursos o productos hidrobiológicos destinados a la exportación tienen un origen legal, incluidos los sistemas de documentación de capturas (véase el presente documento más arriba). Perú también utiliza sistemas de documentación de capturas y exportaciones de bacalao, además del CERCAP, un sistema para garantizar que las exportaciones de productos pesqueros a la Unión Europea se obtienen de manera legal. En el sector artesanal, las autoridades peruanas exigen a las cooperativas pesqueras que implanten registros electrónicos de capturas y desarrollen un sistema de trazabilidad, con lo que también se pretende fomentar una formalización cada vez mayor.

SANIPES regula y supervisa los servicios de salud e inocuidad de los productos pesqueros y acuícolas en el plano nacional. Aprueba la reglamentación sanitaria de la pesca y la acuicultura de conformidad con la normativa nacional y las medidas y normas sanitarias y fitosanitarias internacionales, incluidas las disposiciones del Codex Alimentarius y las de la Organización Mundial de Sanidad Animal. También expide certificados de cumplimiento de la normativa sanitaria sobre infraestructuras pesqueras y acuícolas, y de salud, inocuidad y trazabilidad de los productos hidrobiológicos y los productos veterinarios y alimentarios para uso en acuicultura. Con este propósito, se realizan inspecciones para verificar el cumplimiento de la normativa sanitaria nacional e internacional (si procede) y la contenida en manuales de buenas prácticas, informes descriptivos y manuales de higiene y saneamiento, entre otros. SANIPES también aplica medidas administrativas preventivas en lo que respecta a los peligros o riesgos para la salud pública o la salud de las zonas acuáticas o compartimentos donde se encuentran los recursos hidrobiológicos.

Además, las medidas relacionadas con el comercio que Perú ha adoptado y puesto en práctica en el sector pesquero son, en general, conformes con los acuerdos y las normas internacionales, y se aplican de manera justa, transparente y no discriminatoria (FAO, 2021[23]; WTO, 2020[22]).

Si bien existen medidas de mercado en vigor, existe una carencia de información sobre su eficacia debido a la escasa disponibilidad de datos. Por consiguiente, resulta difícil evaluar de qué manera las medidas excluyen del mercado a los pescadores INDNR y los productos procedentes de la pesca INDNR, un problema común.

5.3.3. Régimen sancionador

La Ley General de Pesca y los instrumentos para su ejecución describen las prácticas y actuaciones prohibidas en el contexto de las actividades pesqueras y, en menor medida, de las actividades relacionadas con la pesca. En particular, contemplan más de 135 delitos, incluidas las actividades de transbordos no autorizados. Además, los diferentes ROP también presentan infracciones y sanciones específicas que se aplican a pesquerías concretas. Las infracciones administrativas que se detectan más a menudo son pescar sin permiso o utilizar artes de pesca prohibidos en las actividades pesqueras.

La Ley General de Pesca también sienta las bases generales del régimen de sanciones. Todos los delitos (ya sean por acción u omisión) son sancionados de manera administrativa por la Dirección General de Supervisión, Fiscalización y Control o las direcciones regionales de la producción, sin perjuicio de las posibles acciones civiles o penales que puedan ser aplicables. Las violaciones de las leyes pesqueras se sancionan con multas, suspensiones, confiscaciones o cancelaciones de las autorizaciones, las licencias, las concesiones o los permisos. Después, si se determina que el caso constituye un delito, se deriva también a la Fiscalía General y a otras instancias competentes.

El Decreto Supremo 016-2011-PRODUCE describe los tipos de infracciones y sanciones aplicables a las actividades pesqueras y acuícolas, dependiendo de la gravedad de la infracción, la naturaleza de la actividad (industrial o artesanal) y el tipo de recursos marinos objetivo. El importe de la multa se determina en unidades tributarias (UIT) que se calculan de manera anual[3]. Se calcula que 1 UIT de 2025 equivale a 1 450 USD (en marzo de 2025). De acuerdo con los criterios establecidos en la Ley General de Pesca y el Decreto Supremo 016-2011, las multas para el sector pesquero pueden ser cuantiosas, con el objeto de que actúen como un verdadero elemento disuasivo.

Se han realizado importantes esfuerzos para actualizar el sistema de sanciones y multas, mediante la revisión de los ROP y la Ley General de Pesca, sobre todo con el objetivo de que las penas sean realmente disuasorias y de reforzar las sanciones aplicables a las flotas pesqueras extranjeras que incumplan la normativa nacional. Estas modificaciones también responden a las peticiones de larga data de diferentes partes interesadas respecto a un sistema de sanciones más estricto (Gozzer-Wuest, Alonso-Población and Tingley, 2021[8]).

Además, Perú se ha esforzado por actualizar y reforzar diversas disposiciones del Código Penal del país a fin de mejorar el enjuiciamiento de los delitos contra los recursos naturales, incluida la pesca. Mediante la Ley 31622 de 2022 y la Ley 31982 de 2024, se tipificaron como delitos contra los recursos naturales la extracción y el procesamiento ilegales de especies acuáticas y la construcción o modificación ilegal de embarcaciones pesqueras, cuya pena es de tres a cinco años de prisión y una multa (capítulo 3) (SPDA, 2023[24]).

Sin embargo, estas iniciativas se han visto enturbiadas por diferentes decisiones políticas que conceden la amnistía o el indulto a los infractores y cancelan o reducen de manera significativa el pago de multas por parte de dichos infractores, ya sean personas físicas o jurídicas. Más recientemente[4], la Ley 32103 de julio de 2024 del Ministerio de Economía y el Decreto Supremo 020-2024 de PRODUCE relacionado otorgaron una reducción del 80 % para el pago de multas. Estas y otras exoneraciones anteriores estuvieron motivadas por los efectos adversos de fenómenos climáticos o crisis económicas (incluida la pandemia de COVID-19), y además pusieron de manifiesto la limitada capacidad administrativa del Gobierno a la hora de recuperar realmente las sanciones monetarias pendientes en muchos casos. Además, no se trata de un problema exclusivo de la pesca, ya que ciertas dificultades estructurales como la corrupción y la informalidad generalizada socavan la correcta aplicación y cumplimiento de la normativa en otros sectores de la economía, por ejemplo, en la agricultura. Estas amnistías reducen la eficacia del régimen de sanciones y limitan su utilidad como auténtico elemento disuasorio de las infracciones, sobre todo porque reducen las multas para todos los agentes del sector y se aplican a todas las clases de infracciones.

La aplicación de sanciones más dirigidas a la pesca INDNR que tengan en cuenta factores como la naturaleza, la gravedad y la reincidencia de las infracciones podría hacerlas más eficaces y reducir el empleo de amnistías. Resulta crucial asegurarse de que todos los pescadores comprendan el sistema de sanciones y dispongan de orientaciones suficientes sobre cuándo se aplican, ya que esto puede ayudar a prevenir las actividades INDNR desde el principio (Gozzer-Wuest, Alonso-Población and Tingley, 2021[8]; Interviews in the context of the Review, 2024[5]).

5.3.4. *Adhesión a la recomendación del Consejo de la OCDE sobre la eliminación del apoyo gubernamental a la pesca ilegal, no declarada y no reglamentada*

En abril de 2025, la OCDE adoptó una nueva recomendación del Consejo sobre la eliminación del apoyo gubernamental a la pesca ilegal, no declarada y no reglamentada, un instrumento jurídico que proporciona orientaciones prácticas en materia de políticas a los gobiernos para garantizar que ningún dinero público apoye la pesca ilegal. Perú se adhirió a la recomendación en junio de 2025, en la Reunión del Consejo Ministerial de la OCDE de 2025.

Aunque ningún gobierno financia de forma deliberada la pesca INDNR, se necesitan medidas contundentes para evitar que los recursos públicos acaben involuntariamente en manos de agentes sin escrúpulos. Por lo tanto, la recomendación de la OCDE pide a los países adherentes que desarrollen y apliquen una serie de medidas políticas encaminadas a reducir el riesgo de que el apoyo resulte beneficioso para la pesca INDNR y retirar el dinero público en caso de que así sea. La recomendación también ofrece orientaciones a los gobiernos que pretendan aplicar algunas de las disciplinas clave del Acuerdo sobre Subvenciones a la Pesca de la Organización Mundial del Comercio de 2022.

Los países adherentes a la recomendación están de acuerdo con el objetivo de destinar el apoyo a las pesquerías gestionadas de forma sostenible y controladas eficazmente mediante criterios de elegibilidad, poniendo las ayudas a disposición únicamente de los buques que enarbolen el pabellón del país que concede la subvención y posean una licencia de pesca de dicho país, y absteniéndose de conceder ayudas a los pescadores que faenen fuera de las zonas gestionadas de forma cooperativa, como en alta mar fuera de la jurisdicción de las organizaciones o acuerdos regionales de ordenación pesquera.

También aceptan desarrollar y aplicar mecanismos específicos para retener y retirar el apoyo a los propietarios y operadores de buques en casos probados de pesca INDNR, y mejorar el intercambio de información sobre determinaciones sobre pesca INDNR, tanto a escala nacional como internacional. En la medida de lo posible, estos intercambios de información deben incluir también a los propietarios efectivos de los buques que practican la pesca INDNR.

Como país adherente de la recomendación, se invitará a Perú a contribuir al seguimiento periódico de los avances en su aplicación y a los debates sobre si el instrumento jurídico contribuye con eficacia a desalentar la pesca INDNR.

5.3.5. *Intercambio de información regional e internacional y actividades conjuntas contra la pesca INDNR*

Perú colabora y comparte información con otros países y organizaciones internacionales en el marco de los esfuerzos internacionales de lucha contra la pesca INDNR y las actividades relacionadas con dicha clase de pesca. Perú también participa en iniciativas multinacionales que facilitan la labor conjunta de SCV y aplicación de la ley, y en OROP que constituyen agentes clave en los esfuerzos destinados a hacer frente a la pesca INDNR (Hutniczak, Delpeuch and Leroy, 2019[2]; OECD, 2022[25]).

Como parte u observador en diferentes OROP, Perú participa y colabora en la lucha contra la pesca INDNR (véase el capítulo 2). Entre las iniciativas regionales de intercambio de datos figuran las gestionadas por la SPRFMO, la Convención sobre la Conservación de los Recursos Vivos Marinos Antárticos y la CIAT. Al mismo tiempo, Perú se beneficia de las actividades de formación y fomento de la capacidad que ofrecen estas organizaciones.

El recientemente aprobado Decreto Supremo 014-2024 hace especial hincapié en reforzar la cooperación con las OROP. Este marco jurídico revisado introduce y promueve nuevos procedimientos de intercambio de información entre PRODUCE y las organizaciones regionales, como el intercambio de información sobre hallazgos relativos a la pesca INDNR, sistemas de reconocimiento mutuo de los sistemas de seguimiento de buques y una mayor colaboración entre las partes contratantes y las secretarías de estas organizaciones.

Además, Perú es uno de los 17 Estados contratantes que ratificaron el Acuerdo de Ciudad del Cabo de 2012, un tratado de la Organización Marítima Internacional para la seguridad de los buques pesqueros y una herramienta que ayuda a desalentar la pesca INDNR mediante el establecimiento de normas internacionales de seguridad para las embarcaciones pesqueras.

Perú también ha remitido información al Registro mundial de buques de pesca, transporte refrigerado y suministro de la FAO, con datos sobre buques, autorizaciones y puertos, lo que va más allá de los requisitos mínimos de información obligatoria.

A nivel regional, Perú participa de manera activa en la Red de Intercambio de Información y Experiencias entre Países de América Latina y el Caribe para Prevenir, Desalentar y Eliminar la Pesca INDNR[5], cuyo objetivo consiste en facilitar el intercambio de información y experiencias para la toma de decisiones a fin de prevenir, desalentar y eliminar la pesca INDNR a través de la cooperación y el fomento de la capacidad. La Red también colabora con asociados institucionales como la FAO, la SPRFMO, la CIAT y la Oficina Nacional de Administración Oceánica y Atmosférica de los Estados Unidos, entre otros. Por último, la DICAPI mantiene canales de comunicación con las autoridades competentes de otros países de la región, como Argentina, Chile, Colombia y Ecuador.

References

Aroni, E. (2020), "Follow the lights: Squid fishing in the Southeast Pacific Ocean", *Global Fishing Watch*, https://globalfishingwatch.org/article/squid-fishing-southeast-pacific. [20]

Delpeuch, C., E. Migliaccio and W. Symes (2022), "Eliminating government support to illegal, unreported and unregulated fishing", *OECD Food, Agriculture and Fisheries Papers*, No. 178, OECD Publishing, Paris, https://doi.org/10.1787/f09ab3a0-en. [3]

FAO (2021), *Checklists and technical guidelines to combat illegal, unreported and unregulated (IUU) fishing*, FAO, https://doi.org/10.4060/cb5992en. [21]

FAO (2021), *Checklists and Technical Guidelines to Combat Illegal, Unreported and Unregulated (IUU) Fishing*, Food and Agricultural Organization of the United Nations, Rome, https://doi.org/10.4060/cb5992en. [23]

FAO (2001), *International Plan of Action to Prevent, Deter and Eliminate Illegal, Unreported and Unregulated Fishing*, Food and Agriculture Organization of the United Nations, Rome, https://openknowledge.fao.org/server/api/core/bitstreams/a80c3bfb-1d5b-4ee6-9c85-54b7e83986a2/content. [4]

Government of Peru (2024), *Review of Peru's fisheries and aquaculture: Policy information request for the background report informing the formal opinion of the OECD Fisheries Committee (COFI) on the accession of Peru to the Organisation*. [7]

Government of Peru (1992), *General Fisheries Law*, https://spij.minjus.gob.pe/spij-ext-web/#/detallenorma/H757193. [6]

Gozzer-Wuest, R., E. Alonso-Población and G. Tingley (2021), "Identifying priority areas for improvement in Peruvian Fisheries", *Marine Policy*, Vol. 129, p. 104545, https://doi.org/10.1016/j.marpol.2021.104545. [8]

Hutniczak, B., C. Delpeuch and A. Leroy (2019), "Intensifying the fight against IUU fishing at the regional level", *OECD Food, Agriculture and Fisheries Papers*, No. 121, OECD Publishing, Paris, https://doi.org/10.1787/b7b9f17d-en. [2]

IMARPE (2024), *Cuarta encuesta estructural de la pesqueria artesanal en el litoral peruano, ENEPA IV 2022-2023*, Institute of the Sea of Peru, https://cdn.www.gob.pe/uploads/document/file/6908889/5966295-cuarta-encuesta-estructural-de-la-pesqueria-artesanal-en-el-litoral-peruano-enepa-iv-2022-2023.pdf. [16]

Interviews in the context of the Review (2024), *Interviews conducted with Peru's government representatives and stakeholders in the context of the Review*. [5]

McKinley, E. et al. (2018), "Charting the course for a blue economy in Peru: A research agenda", *Environment, Development and Sustainability*, Vol. 21/5, pp. 2253-2275, https://doi.org/10.1007/s10668-018-0133-z. [12]

Mendo, T. et al. (2023), "Minimising discards while taking revenue into account: Spatio-temporal assessment of catches in an artisanal shrimp trawl fishery in Peru", *Fisheries Research*, Vol. 261, p. 106623, https://doi.org/10.1016/j.fishres.2023.106623. [11]

OECD (2022), *OECD Review of Fisheries 2022*, OECD Publishing, Paris, https://doi.org/10.1787/9c3ad238-en. [25]

OECD (2020), *OECD Review of Fisheries 2020*, OECD Publishing, Paris, https://doi.org/10.1787/7946bc8a-en. [1]

OECD/ECLAC (2017), *OECD Environmental Performance Reviews: Peru 2017*, OECD Environmental Performance Reviews, OECD Publishing, Paris, https://doi.org/10.1787/9789264283138-en. [10]

Paredes, C. et al. (2024), *La pesca en el Perú: Una ruta hacia un futuro próspero y sostenible*, Universidad Continental, Fondo Editorial, Huancayo, Peru, https://doi.org/10.18259/978-612-4443-64-0. [9]

PRODUCE (2024), *Desempeno e importancia del sector pesca 2023*, Ministry of Production, https://www.producempresarial.pe/wp-content/uploads/2024/01/AM-Desempeno-del-Sector-Pesca-2023_26.01.2023-revf.pdf. [15]

PRODUCE (2024), *Reporte coyuntural: Sector pesca artesanal*, Ministry of Production, https://www.producempresarial.pe/wp-content/uploads/2024/02/Reporte-Sectorial-de-Desempeno-del-Sector-Pesca-Artesanal-2023_rev21.02.2024.pdf. [14]

PROMPERU (2023), *Desenvolvimiento del comercio exterior: Pesquero y acuicola, 2023*, Trade, Tourism and Investment Commission of Peru, https://recursos.exportemos.pe/desenvolvimiento-del-comercio-exterior-pesquero-y-acuicola-2023.pdf.pdf.pdf. [18]

Silva, R. (2024), "Piura: Precio de la pota sube de S/4 a S/18 por kilo y pescadores artesanales acusan escasez por barcos chinos ilegales en el mar", *Infobae*, https://www.infobae.com/peru/2024/09/19/piura-precio-de-la-pota-sube-de-s4-a-s18-por-kilo-y-pescadores-artesanales-acusan-escasez-por-barcos-chinos-ilegales-en-el-mar/. [17]

SPDA (2023), *Sintesis de propuesta normativa: Inclusion del delito de construccion ilegal de embarcaciones*, Peruvian Society for Environmental Law, Lima, https://spda.org.pe/wp-content/uploads/2024/02/sintesis-de-propuesta-normativa-embarcaciones_SPDA.pdf. [24]

SPRMFO (2024), *Conservation and Management Measure on the Management of the Jumbo Flying Squid Fishery*, South Pacific Regional Fisheries Management Organisation, Wellington, https://www.sprfmo.int/assets/Fisheries/Conservation-and-Management-Measures/2024-CMMs/CMM-18-2024-Squid-1Mar2024.pdf. [19]

SPRMFO (2022), *10th Meeting of the SPRFMO Commission: Catch Data Submitted to the SPRFMO Secretariat*, South Pacific Regional Fisheries Management Organisation, Wellington, https://www.sprfmo.int/assets/Meetings/01-COMM/10th-Commission-2022-COMM10/information-papers/COMM10-Inf01-rev1-Data-Submitted-to-the-Secretariat.pdf. [13]

WTO (2020), *Trade Policy Review of Peru: Report by the Secretariat*, World Trade Organization, Geneva, https://docs.wto.org/dol2fe/Pages/FE_Search/FE_S_S006.aspx?Query=%20(@Symbol=WT/TPR/S/*)%20and%20((%20@Title=Peru%20)%20or%20(@CountryConcerned=%22Peru%22))&Language=ENGLISH&Context=FomerScriptedSearch&languageUIChanged=true#. [22]

Notas

[1] Sistema creado al amparo del Decreto Supremo 024 de 2021 de PRODUCE para garantizar la trazabilidad total de los recursos y productos acuáticos. Se trata de una plataforma para el registro de las capturas de peces y la actividad acuícola, para las etapas de extracción, descarga, procesamiento, comercialización y transporte, principalmente de las actividades pesqueras industriales. Los registros de información sientan las bases para emitir certificados de origen para el transporte de harina y aceite de pescado y otros productos entre los almacenes o los destinatarios finales (exportaciones).

[2] Entre esas medidas figuran la designación de una lista de puertos para su uso por parte de las embarcaciones de pabellón extranjero con el fin de dirigir mejor la capacidad de control disponible, la exigencia de solicitudes previas de las embarcaciones de pabellón extranjero para utilizar los puertos (con vistas a permitir a los Estados costeros verificar la información con el Estado del pabellón del buque) y la posibilidad de denegar la entrada a puerto a las embarcaciones sospechosas de practicar la pesca INDNR.

[3] UIT quiere decir «unidad impositiva tributaria». Es el valor en soles peruanos establecido por el Ministerio de Economía y Finanzas para determinar los impuestos, las infracciones, las multas y otros aspectos tributarios. Los valores están disponibles en: https://www.gob.pe/435-valor-de-la-uit.

[4] Se concedieron exoneraciones similares en 2018 (Decreto Supremo 006-2018) y 2022 (Decreto Supremo 007-2022), las cuales otorgaron una reducción media de un 59 % y un 70 % respectivamente en el monto total de las multas.

[5] Entre los miembros de la Red figuran Chile, Colombia, Costa Rica, Ecuador, España, los Estados Unidos, Panamá y Perú.

6 Políticas acuícolas en Perú

En este capítulo, se describen las características fundamentales del sector de la acuicultura en Perú, incluida su gobernanza, las tendencias clave de la producción y los principales instrumentos de apoyo gubernamental. A pesar de su contribución relativamente modesta a la producción pesquera en Perú (el 2,6 % de toda la producción), la producción acuícola ha crecido de manera significativa desde 2012. La gobernanza de la acuicultura en Perú está repartida entre diferentes instituciones nacionales y gobiernos regionales en virtud de la Ley General de Pesca y la Ley General de Acuicultura. Los productores se enfrentan a menudo a procedimientos administrativos complejos y, en ocasiones, onerosos; sin embargo, se han realizado importantes esfuerzos por simplificar el entorno normativo, incluida la introducción de una Ventanilla Única de Acuicultura (VUA) en 2015. Otros retos a los que se enfrenta el sector acuícola son la variabilidad climática, la escasez de agua, la contaminación y el seguimiento eficaz del uso de antibióticos y la eliminación de desechos. Para hacer frente a esta situación, la Política Nacional de Acuicultura al 2030 establece objetivos de sostenibilidad, competitividad y resiliencia al cambio climático, lo que incluye una mejora de la planificación, el seguimiento y la gestión espacial.

Conclusiones clave

- Las actividades acuícolas en Perú están reguladas por la Ley General de Pesca y la Ley General de Acuicultura. La Ley General de Acuicultura trata de desarrollar y regular la acuicultura en sus distintas fases de producción, y abarca tanto las aguas marinas y continentales como los estuarios. Reconoce la acuicultura como una actividad económica de interés nacional y, con ese propósito, el marco jurídico trata de fomentar las inversiones privadas y públicas, así como los programas de apoyo.
- El Ministerio de la Producción (PRODUCE) es el órgano rector responsable de la planificación, la reglamentación y la puesta en práctica de las actividades acuícolas en el plano nacional. También es el responsable de la inspección, el control, la evaluación y la supervisión de dichas actividades. El Sistema Nacional de Acuicultura (SINACUI) es un órgano intergubernamental que integra los principios, procedimientos e instrumentos de la administración, la gestión y el desarrollo de la acuicultura en diferentes niveles gubernamentales.
- En 2023, Perú aprobó la Política Nacional de Acuicultura al 2030 como una estrategia integral para fortalecer su sector acuícola y definir objetivos y medidas a largo plazo. Esta política busca que la acuicultura peruana sea más competitiva, sostenible, resiliente al cambio climático y diversificada para 2030.
- Las instituciones gubernamentales y otras partes interesadas han señalado el cambio climático como uno de los desafíos más acuciantes de la acuicultura peruana. Asimismo, Perú presenta una exposición y una vulnerabilidad a los peligros naturales mayores que muchos otros países debido a la elevada frecuencia de los peligros y la concentración espacial de la población y la actividad económica en zonas de alto riesgo.

Recomendaciones

- Mejorar la Ventanilla Única de Acuicultura (VUA) a fin de fortalecer su uso como herramienta de coordinación institucional destinada a reducir la carga administrativa de los productores acuícolas asociados a la producción de la piscicultura.
- Establecer un conjunto de indicadores y mecanismos de revisión, como un balance de mitad de período para evaluar el progreso en la consecución de los objetivos del Plan Nacional de Desarrollo Acuícola y una evaluación de los logros y las posibles esferas de mejora del Sistema Nacional de Acuicultura. De esta forma, PRODUCE podría llevar a cabo un seguimiento y tomar las medidas adicionales necesarias para garantizar que se cumplan los objetivos.
- Estudiar la oportunidad de desarrollar y adoptar una estrategia de planificación espacial que englobe las tierras, las regiones de agua dulce y las zonas y actividades marinas para ayudar a evitar el conflicto con otros usuarios de la tierra, el agua y los recursos marinos (p. ej., el turismo y la pesca de captura), y lograr un equilibrio adecuado entre la conservación de los recursos naturales y la producción.

El sector acuícola de Perú posee un importante potencial gracias a su vasto litoral, sus amplios recursos de agua dulce y su rica diversidad biológica. Dada la importancia de la acuicultura como fuente de ingresos, empleo y alimentos nutritivos, en 2015 se declaró sector de interés nacional con la aprobación de la Ley General de Acuicultura. La producción acuícola total en Perú fue de 140 930 t en 2022, un aumento del 95 % desde 2012, cuando fue de 72 292 t.

El 97 % de la producción acuícola peruana en términos de volumen se correspondió con cuatro especies: la trucha arcoíris, que representa el 44 % de la producción total; el camarón patiblanco, que representa el 32 %; el ostión (también conocido como concha de abanico), que representa el 19 %; y la tilapia, que representa alrededor de un 2 %. La actividad acuícola en 2022 se concentró en las regiones de Puno (continental), Tumbes (marina) y Piura (marina), las cuales, en conjunto, representaron el 75 % de la producción.

En 2022, se concedieron un total de 13 048 derechos acuícolas en Perú, los cuales engloban desde productores acuícolas en pequeña escala hasta grandes productores de la acuicultura (Cuadro 6.1). En general, la acuicultura continental consta de un mayor número de pequeños productores, con 10 191 productores en un área de 6 278 ha, mientras que la acuicultura marina comprende menos productores (503), pero de mayor tamaño (24 434 ha).

Cuadro 6.1. Número de derechos acuícolas concedidos en Perú, por categoría, 2022

Categoría de producción	Número de derechos acuícolas concedidos
Productores en mediana y gran escala	192
Microproductores y pequeños productores	3 104
Productores con recursos limitados	9 752
Total	13 048

Nota: El Catastro Acuícola Nacional contiene información sobre todos los productores acuícolas del país que poseen derechos vigentes para llevar a cabo actividades de acuicultura. También facilita información pormenorizada sobre las zonas geográficas autorizadas donde se pueden realizar actividades de piscicultura.
Fuentes: Government of Peru (2024[1]), Review of Peru's fisheries and aquaculture: Policy information request for the background report informing the formal opinion of the OECD Fisheries Committee (COFI) on the accession of Peru to the Organisation; http://catastroacuicola.produce.gob.pe/web.

Esto se debe probablemente a la mayor inversión inicial en infraestructura y tecnologías que se necesita para comenzar la producción acuícola en las zonas marinas en comparación con las zonas continentales. Por lo tanto, la gran mayoría (el 98 %) de los productores acuícolas en aguas marinas eran empresas pequeñas, medianas y grandes, mientras que, en las zonas continentales, predominaban las microempresas y los productores acuícolas particulares (el 75 %) (PRODUCE, 2023[2]).

La producción acuícola peruana se centra principalmente en los mercados de exportación. Las exportaciones de la acuicultura crecieron en promedio al año un 7,6 % en términos de valor y un 9,6 % a efectos de volumen durante el período comprendido entre 2018 y 2022. Este crecimiento se debió al aumento del valor de las exportaciones de trucha (+14 %), ostión (+13 %) y camarón (+4,9 %), cuyo valor de exportación conjunto aumentó de 295 millones de USD en 2018 a 426 millones de USD en 2022. El camarón patiblanco fue el principal producto acuícola exportado en 2022, con un 64 % del valor total. Estuvo seguido del ostión (un 24 %) y la trucha (un 12 %) (Government of Peru, 2024[1]).

6.1. Marco integral de políticas para regular la producción acuícola en Perú

6.1.1. La Ley General de Acuicultura establece el marco jurídico general

Las actividades acuícolas en Perú están reguladas por la Ley General de Pesca y la Ley General de Acuicultura, aprobadas por el Decreto Legislativo núm. 1195, de 29 de agosto de 2015, y el Reglamento para su aplicación[1]. La Ley General de Acuicultura trata de desarrollar y regular la acuicultura en sus distintas fases de producción, y abarca tanto las aguas marinas y continentales como los estuarios. Reconoce la acuicultura como una actividad económica de interés nacional y, con ese propósito, el marco jurídico trata de fomentar las inversiones privadas y públicas, así como los programas de apoyo.

La Ley General de Acuicultura se complementa con disposiciones jurídicas suplementarias, en particular la Ley de Recursos Hídricos (29338/2009), por la que se regula el uso y la gestión de los recursos de agua dulce, incluidas las aguas superficiales y subterráneas para diferentes usos, como las actividades acuícolas. El órgano rector responsable de la aplicación de la Ley de Recursos Hídricos es la Autoridad Nacional del Agua, dependiente del Ministerio de Agricultura.

La Ley General de Acuicultura define tres categorías de productores acuícolas:

1. productores acuícolas en mediana y gran escala, con una producción anual total igual o superior a 150 t;
2. microproductores y pequeños productores acuícolas, una categoría que engloba una producción anual total superior a 3,5 t e inferior a 150 t;
3. la categoría de recursos limitados, en la que se incluyen las personas físicas o jurídicas que no superan una producción anual total de 3,5 t.

Además de la Ley General de Acuicultura, existe un Reglamento de Ordenamiento Pesquero y Acuícola para la Cuenca del Lago Titicaca (D. S. 023-2008-PRODUCE). El ROP trata de equilibrar la conservación de la diversidad biológica acuática y regular y promover las actividades acuícolas en la zona del lago. Establece la ordenación cooperativa con las autoridades bolivianas para promover el uso racional de los recursos pesqueros transfronterizos y brindar asistencia a las comunidades. Sin embargo, este instrumento de ordenación se elaboró hace casi 20 años (2007) y no se ha actualizado desde entonces.

6.1.2. PRODUCE se encarga de supervisar la producción acuícola

PRODUCE es el órgano rector responsable de la planificación, la reglamentación y la puesta en práctica de las actividades acuícolas en el plano nacional. También es el responsable de la inspección, el control, la evaluación y la supervisión de dichas actividades. Como se encarga de formular la política nacional en materia de acuicultura, coordina y ayuda a otras instituciones dedicadas a la producción acuícola. Para el ejercicio de estas funciones, PRODUCE cuenta con una Dirección General de Acuicultura, dependiente del Viceministerio de Pesca y Acuicultura (véase el capítulo 2).

El SINACUI se creó por medio de la Ley General de Acuicultura como órgano intergubernamental que integra los principios, procedimientos e instrumentos de la administración, la gestión y el desarrollo de la acuicultura en diferentes niveles gubernamentales. El objetivo del sistema es coordinar, supervisar, evaluar y garantizar la aplicación y el cumplimiento en todo el país de la política pública en materia de acuicultura. Reúne a 12 instituciones del plano nacional, además de entidades pertinentes de los gobiernos regionales y centros de investigación. PRODUCE es la institución rectora del SINACUI y se encarga de la coordinación con las entidades pertinentes. Como exige su reglamento interno, el órgano celebra dos sesiones plenarias ordinarias al año. Sus grupos de trabajo técnicos pueden realizar reuniones *ad hoc*.

El SINACUI se creó para subsanar las deficiencias de coordinación y mejorar el diálogo entre las distintas instituciones implicadas. Tiene potencial para funcionar como mecanismo eficaz de colaboración institucional destinado a mejorar el marco reglamentario. Sin embargo, debido al limitado acceso a la información sobre los resultados de sus reuniones o la disponibilidad de informes públicos, actualmente no es posible evaluar su eficacia.

Perú no ha adoptado formalmente ningún plan espacial marino, aunque cuenta con diversas reglamentaciones relativas a la protección del medio marino, entre las que destaca la Política Nacional de Acuicultura al 2030 (véase el presente documento más adelante). La aprobación de un plan espacial que abarque las zonas terrestres, las regiones de agua dulce y las zonas y actividades marítimas es un aspecto importante que se debe abordar para el futuro desarrollo de la acuicultura sostenible en Perú. En particular, la planificación espacial puede ayudar a evitar conflictos con otros usuarios de los recursos comunes (la tierra, el agua y el espacio marino), por ejemplo del sector turístico o los pescadores en pequeña escala.

6.1.3. Los gobiernos regionales desempeñan un papel importante en el desarrollo de la acuicultura, pero se enfrentan a obstáculos como las limitaciones de capacidad y la restringida coordinación con las instituciones nacionales

Como en el caso de la pesca marítima, los gobiernos regionales desempeñan una función importante en el desarrollo de las actividades acuícolas a lo largo del país. La Ley General de Acuicultura delega en los gobiernos regionales las competencias de elaborar y aplicar planes regionales de desarrollo acuícola, siguiendo el marco del Plan Nacional de Desarrollo Acuícola. Estos planes pretenden contribuir al desarrollo económico y social de la región, basándose en sus puntos fuertes y sus ventajas comparativas. Hasta 2022, se habían formulado 12 planes regionales de desarrollo acuícola (PRODUCE, 2023[2]); sin embargo, la mayoría de ellos solo se han puesto en práctica de manera parcial.

En el plano administrativo, los gobiernos regionales, junto con PRODUCE, son los responsables de otorgar nuevas concesiones y autorizaciones y de renovar estos derechos, que son obligatorios para emprender actividades acuícolas en las categorías de recursos medianos y limitados. También tienen la responsabilidad de conceder los certificados ambientales necesarios para las actividades acuícolas de las categorías de recursos medianos y limitados. Por último, los gobiernos regionales desempeñan funciones de seguimiento, supervisión y control de las actividades acuícolas relacionadas con el cumplimiento de la reglamentación en materia de salud y medio ambiente, en colaboración con PRODUCE.

Los gobiernos regionales son asimismo los responsables de la planificación del uso de la tierra en general y tienen autoridad para señalar las zonas para el desarrollo de la acuicultura. En concreto, desempeñan un papel de apoyo a la puesta en marcha de centros de alevinaje y piscifactorías piloto, fomentan la investigación y la adopción de nuevas tecnologías y velan por la aplicación de buenas prácticas de gestión y sanidad en la acuicultura. En este marco, pueden establecer alianzas público-privadas y poner en práctica proyectos productivos con recursos públicos provenientes de programas de apoyo sectorial.

Cabe destacar que los gobiernos regionales también se encargan de la planificación zonal para la correcta gestión de los recursos hídricos, en colaboración con entidades competentes como la Autoridad Nacional del Agua. En teoría, esto debería permitir gestionar y mitigar los conflictos por el uso de los recursos entre los diversos sectores, como la acuicultura, la pesca, el turismo y la minería.

Sin embargo, los gobiernos regionales poseen una capacidad institucional limitada y a menudo carecen de personal técnico especializado en acuicultura. Esto plantea dificultades para la eficacia de la formulación, la ejecución y el seguimiento de los proyectos de producción acuícola. Además, los procedimientos administrativos, las autorizaciones y los permisos necesarios para desarrollar proyectos de acuicultura son costosos a efectos de tiempo y recursos, lo que pone a prueba los limitados presupuestos. Según el Ministerio de Economía y Finanzas, el presupuesto de los gobiernos regionales destinado a la acuicultura representa el 0,005 % de su presupuesto total. Por eso, aunque existen fondos y programas de fomento de las actividades acuícolas, su alcance es limitado y, a menudo, no se administran con eficacia.

Además, existe una falta de claridad en la asignación de responsabilidades entre las oficinas regionales, además de limitaciones en la comunicación con PRODUCE y otras entidades del plano nacional. La falta generalizada de coordinación entre los responsables de la agricultura, el medio ambiente o el desarrollo económico también dificulta la coordinación de las políticas de desarrollo productivo.

6.1.4. Seguimiento, control y cumplimiento en el sector de la acuicultura

La Ley General de Pesca y la Ley General de Acuicultura son los instrumentos generales que definen el marco normativo de las sanciones y las competencias de inspección y control, y que establecen las infracciones y sanciones. El seguimiento y el control en el sector de la acuicultura son responsabilidad de PRODUCE, a través de la DGSFS. Sin embargo, el seguimiento y el control de los microproductores y pequeños productores acuícolas recaen bajo la responsabilidad de los gobiernos regionales. Por otra parte, SANIPES es la autoridad nacional en materia sanitaria para la acuicultura y se encarga de garantizar y verificar el cumplimiento de la legislación sanitaria en toda la cadena de producción acuícola.

Además, en el marco de la política ambiental, Perú creó en 2008 el Organismo de Evaluación y Fiscalización Ambiental (OEFA). El OEFA controla directamente la aplicación de la reglamentación ambiental en distintos sectores económicos, entre ellos la pesca y la acuicultura en gran escala. Las piscifactorías deben realizar controles periódicos de la calidad de sus aguas (superficiales, medias y de fondo) y presentar los resultados al OEFA, que vigila el cumplimiento de las normas de calidad ambiental de las masas de agua.

Perú cuenta con dos sistemas para mejorar la trazabilidad de los recursos y productos hidrobiológicos en toda la cadena de valor y facilitar el control y la supervisión: el Sistema de Identificación y Monitoreo del Tráfico Acuático (SITRAPESCA) y el Sistema Georreferenciado de Pesca y Acuicultura (SIGPESCA), ambos creados en 2021. El SITRAPESCA es una plataforma en línea que registra información sobre la pesca, la acuicultura y las actividades comerciales para consumo humano directo. Los productores acuícolas deben registrar información sobre el total de las actividades de producción, procesamiento y comercialización. Aunque el registro de la información en el SITRAPESCA pretende ser obligatorio, los productores y comerciantes acuícolas en pequeña escala tienen derecho a adoptar el sistema de manera gradual, sin que se fije un plazo para su adopción. El SIGPESCA es un sistema de seguimiento y rastreo de los vehículos que transportan recursos o productos procedentes de actividades acuícolas. El sistema permite la geolocalización automática en tiempo real de un vehículo desde el inicio de su ruta hasta su destino final. No obstante, existen dificultades en torno a la debilidad y la falta de constancia en la aplicación de estas reglamentaciones, sobre todo en las zonas rurales y remotas.

6.2. Sistema de licencias y permisos pesqueros en Perú

A partir de estudios técnicos, PRODUCE o los gobiernos regionales designan zonas aptas para el desarrollo de la actividad acuícola. Una vez designada una zona como apta, el productor debe obtener una concesión en terrenos, fondos marinos o aguas marinas e interiores[2] de carácter público, o una autorización si la actividad se desarrolla en terrenos de propiedad privada y para actividades de investigación, asentamiento y repoblación[3]. Las concesiones de acuicultura pueden otorgarse en zonas marítimas, ríos y lagos navegables, mediante concursos o licitaciones públicas, o directamente.

En las zonas designadas para la acuicultura, bajo concesión del Viceministerio de Pesca y Acuicultura, la autoridad de aguas correspondiente otorga de forma automática derechos de uso del agua, a una tarifa preferencial. Las condiciones de las concesiones en zonas públicas se especifican en el Convenio de Conservación, Inversión y Producción Acuícola, que firman el solicitante y el Viceministerio de Pesca y Acuicultura. Entre otras disposiciones, este convenio debe contener una declaración clara del programa de actividades que se realizarán, un programa de gestión ambiental y los objetivos de producción y las inversiones correspondientes.

Los procedimientos y requisitos de concesión de licencias cambian ligeramente para cada una de las tres categorías de productores acuícolas (Cuadro 6.2). En general, todas las actividades acuícolas requieren un permiso de uso del espacio acuático (mar, ríos o lagos) expedido por la DICAPI, un permiso de uso del agua expedido por la Autoridad Nacional del Agua y una autorización sanitaria para el uso de alimentos para animales y antibióticos expedida por SANIPES.

Las actividades de acuicultura en pequeña escala están exentas de la presentación de evaluaciones del impacto ambiental y programas de ajuste y gestión ambiental, excepto la infraestructura de procesamiento artesanal (para la que se exige una evaluación del impacto ambiental) y el procesamiento artesanal (para la que se requiere una declaración de impacto ambiental).

Cuadro 6.2. Las instituciones y sus competencias en el contexto de la concesión de derechos acuícolas en Perú

Institución	Competencias	Ámbito de aplicación		
		Escala mediana y gran escala	Microescala y pequeña escala	Recursos limitados
Ministerio de la Producción	Otorgar y renovar los derechos de concesión o autorización	X		
	Certificación ambiental	X		
Autoridad Nacional del Agua	Autorización de obras de infraestructura de uso del agua	X	X	X
	Acreditación de disponibilidad hídrica	X	X	
	Licencia de uso de agua	X	X	X
	Permiso de uso del agua	X	X	X
	Supervisión e inspección del tratamiento de los vertidos	X	X	
Servicio Nacional de Áreas Naturales Protegidas	Autorización sanitaria para la producción acuícola (acreditación de compatibilidad)	X	X	X
Dirección General de Capitanías y Guardacostas	Derecho de uso de aguas acuáticas	X	X	X
Gobiernos regionales	Otorgar y renovar los derechos de concesión o autorización		X	X
	Certificación ambiental		X	
	Formato técnico ambiental			X
Autoridad Nacional de Sanidad e Inocuidad en Pesca y Acuicultura	Habilitación sanitaria para centros de producción acuícola	X	X	X

Perú aplica cánones por extracción de agua para su uso en actividades económicas, en función de la disponibilidad de agua (y, por lo tanto, del riesgo de escasez), aplicando el principio de quien contamina paga. Aun así, el uso del agua para la acuicultura no está sujeto a este pago porque se considera un uso no consuntivo del recurso. Del mismo modo, Perú aplica además tasas al vertido de aguas residuales tratadas, en función del tipo de uso de las aguas receptoras (y, por consiguiente, del riesgo de contaminación), también empleando el principio de quien contamina paga. Así pues, las actividades acuícolas están sujetas a estas tasas cuando los vertidos se realizan en un medio natural sensible (OECD, 2021[3]). Sin embargo, el uso de antibióticos y fungicidas, el exceso de alimentos para animales y los distintos tipos de residuos no están sujetos a controles estrictos y pueden contaminar el agua (OECD, 2021[3]).

6.2.1. La Ventanilla Única de Acuicultura ha aumentado la eficacia de la burocracia, aunque sigue siendo onerosa en algunos casos

La VUA, que se creó en 2015 en virtud de la Ley General de Acuicultura, es un sistema electrónico integrado a través del cual las personas físicas y jurídicas que se dedican a actividades acuícolas pueden presentar solicitudes y gestionar los requisitos y procedimientos administrativos (Government of Peru, 2024[1]).

La VUA se creó con el fin de mejorar la coordinación interinstitucional y promover la simplificación administrativa en beneficio de los productores acuícolas. Uno de sus resultados principales fue la normalización de los requisitos y procedimientos administrativos en todos los gobiernos regionales, que hasta entonces presentaban amplias diferencias. La VUA está administrada por PRODUCE y consolida los procedimientos administrativos de siete instituciones diferentes a nivel nacional y subnacional, todas ellas implicadas en la emisión de derechos de acceso a las actividades acuícolas. En general, este sistema electrónico contribuye a mejorar la transparencia del sector, aporta claridad sobre los trámites administrativos que deben realizar los productores para obtener derechos de acuicultura y reduce el tiempo y los costos de los procedimientos administrativos.

Aunque la VUA ha contribuido a mejorar y racionalizar la gobernanza del sector de la acuicultura, muchas partes interesadas señalaron que los procedimientos administrativos siguen siendo onerosos y complicados, y que requieren mucho tiempo (Interviews in the context of the Review, 2024[4]). Esta situación afecta tanto a los productores acuícolas en pequeña escala que solicitan permisos y autorizaciones como a los medianos y grandes productores, quienes también se encuentran con retrasos en los permisos para exportar productos (como los certificados de origen), lo que crea obstáculos desalentadores para la inversión.

El Gobierno está tratando de resolver estos problemas y se ha comprometido a poner en marcha la versión 2.0 de la Ventanilla Única de Acuicultura (VUA 2.0) antes de diciembre de 2026, en el marco del nuevo Plan Nacional de Competitividad y Productividad 2024-2030. Esta segunda versión de la VUA pretende coordinar mejor las labores de las distintas instituciones gubernamentales, aumentando la eficacia del proceso.

6.3. Una visión a largo plazo del sector: Política Nacional de Acuicultura al 2030 de Perú

En 2023, Perú aprobó la Política Nacional de Acuicultura al 2030 como una estrategia integral para fortalecer el sector acuícola del país y definir objetivos y medidas a largo plazo. La política busca que la acuicultura peruana sea más competitiva, sostenible, resiliente al cambio climático y diversificada para 2030. Cuadro 6.3 describe los principales objetivos y esferas estratégicas de acción del plan.

Cuadro 6.3. Política Nacional de Acuicultura al 2030 de Perú: principales objetivos y esferas de acción prioritarias

Objetivos principales	Esferas prioritarias
• Aumentar el valor de las ventas totales en más de un 100 % • Incrementar su cuota de producción acuícola en América Latina y el Caribe en más de un 50 % • Mejorar la coordinación interinstitucional • Aumentar las inversiones en investigación y desarrollo	• Reforzar la gestión pública para mejorar la competitividad de la cadena de valor de la acuicultura • Incrementar las capacidades de investigación, desarrollo e innovación • Aumentar las inversiones en factores propicios para la cadena de valor del sector de la acuicultura • Consolidar la cuota de mercado de las empresas acuícolas • Reforzar la sostenibilidad de la acuicultura

Fuentes: Government of Peru (2024[1]), Review of Peru's fisheries and aquaculture: Policy information request for the background report informing the formal opinion of the OECD Fisheries Committee (COFI) on the accession of Peru to the Organisation; PRODUCE (2023[2]), *National Aquaculture Policy to 2030*, https://rnia.produce.gob.pe/wp-content/uploads/2023/01/POLITICA-NACIONAL-DE-ACUICULTURA.pdf.

Cada objetivo lleva asociada una serie de lineamientos para alcanzarlo. Sin embargo, como no hay indicadores disponibles públicamente ni una metodología o calendario específicos para evaluarlos, será difícil hacer un seguimiento de los avances hasta 2030. El establecimiento de una serie de indicadores y mecanismos de revisión, incluido un balance de mitad de período para evaluar los progresos en la consecución de estos objetivos, permitiría a PRODUCE supervisar y adoptar cualquier medida adicional necesaria para garantizar el cumplimiento de los objetivos.

6.4. La informalidad puede tener importantes repercusiones en el crecimiento futuro del sector

La informalidad constituye también un reto importante en el sector de la acuicultura en Perú. PRODUCE estima que, en diciembre de 2023, existían 8 737 centros de producción acuícola informales a nivel nacional, lo que representa un incremento del 61 % respecto a diciembre de 2020, cuando ascendían a 5 413 (PRODUCE, 2025[5]). La proliferación de productores informales puede poner en peligro la salud de toda la cadena de valor y afectar negativamente a la situación fitosanitaria y zoosanitaria de la producción acuícola peruana, lo que supone un riesgo para el crecimiento y la sostenibilidad del sector en el futuro. También puede repercutir en los precios, debido al exceso de oferta en los mercados.

Un análisis de la producción acuícola informal señaló las principales causas de la informalidad, que incluyen la debilidad institucional; la falta de coordinación interinstitucional, incluidas las limitaciones de capacidad en los gobiernos regionales; la ausencia de una base histórica claramente definida de productores informales; la cobertura restringida de los servicios de formalización; y el tiempo y los costos financieros asociados a la obtención de los permisos necesarios (PRODUCE, 2025[5]).

El Gobierno ha emprendido varias iniciativas de formalización en todo el país. Por ejemplo, desde 2010, los productores acuícolas deben poseer derechos de producción y un permiso para el uso del agua antes de dedicarse a la producción. Además, PRODUCE tiene en marcha varios programas de asistencia técnica que ayudan a los productores a formalizar sus operaciones y acceder a herramientas de formación y mejora tecnológica. Sin embargo, a pesar de estos esfuerzos, la producción informal sigue prevaleciendo en las zonas rurales remotas.

Para subsanar estas deficiencias, PRODUCE aprobó, en enero de 2025, un nuevo plan de trabajo de formalización para el sector de la acuicultura, con una serie de objetivos y estrategias concretos que se aplicarán hasta 2030, tal como se recoge en el Plan Nacional de Acuicultura. El plan hace hincapié en la necesidad de trabajar de un modo más estrecho con los gobiernos regionales, la sociedad civil y las organizaciones de pequeños productores para mejorar los procedimientos administrativos y aumentar la cobertura de los programas (PRODUCE, 2025[5]).

6.5. Beneficios de los diversos instrumentos de apoyo, incluidos los incentivos fiscales

Perú pone en práctica diferentes programas de promoción y apoyo al sector acuícola[4]. La Dirección General de Acuicultura de PRODUCE se encarga de ejecutar y supervisar esos programas. La mayoría de los programas de apoyo a la acuicultura son desgravaciones o exenciones fiscales y préstamos con tipos de interés inferiores a los del mercado (préstamos en condiciones favorables) que están a disposición de todos los productores acuícolas. El Ministerio de Economía y Finanzas prevé que, para el período comprendido entre 2023 y 2025, el Gobierno peruano aportará al sector acuícola aproximadamente 7,3 millones de USD (26,9 millones de PEN) en forma de beneficios fiscales, como las tasas diferenciadas y las devoluciones del impuesto general a las ventas (Government of Peru, 2024[1]). Estos incentivos fiscales se complementan con otras políticas de apoyo directamente orientadas a promover las actividades de la acuicultura y el procesamiento en la región amazónica, que es una región relativamente pobre y donde la acuicultura constituye una importante fuente de alimentos e ingresos (Cuadro 6.4).

Cuadro 6.4. Principales instrumentos de apoyo aplicables al sector de la acuicultura en Perú

Nombre del programa	Tipo de apoyo prestado	Año de introducción	Descripción general del programa
Reducción del impuesto a la renta	Beneficio fiscal	2022	El impuesto a la renta de las personas físicas o jurídicas que realizan actividades de acuicultura y de procesamiento industrial es de entre un 15 % y un 25 % (en comparación con el 29,5 % del régimen fiscal general aplicable en Perú), en función de la renta neta anual. Está previsto que el tipo impositivo aumente de manera progresiva entre 2023 y 2032.
Depreciación acelerada	Beneficio fiscal	2022	Se establece una tasa de depreciación anual del 20 % en el valor de la inversión en infraestructura acuícola como beneficio aplicable hasta el 31 de diciembre de 2031, así como en los equipos asociados a las actividades acuícolas.
Recuperación anticipada del impuesto general a las ventas (IGV) en la fase preoperativa	Beneficio fiscal	2023	Recuperación anticipada del IGV, pagado con las adquisiciones de bienes de capital, insumos, servicios y contratos de construcción en la fase preoperativa de la actividad.
Reintegro tributario	Beneficio fiscal		Las personas naturales o jurídicas residentes en Perú que realicen actividades de acuicultura, cuya venta de productos acuícolas se encuentre exonerada del impuesto general a las ventas (IGV), tendrán derecho a un reembolso tributario equivalente al IGV consignado separadamente en los comprobantes de pago correspondientes a sus adquisiciones, así como al pagado en sus importaciones de bienes de capital, materias primas e insumos en la producción acuícola.
Exención del IGV a las ventas e importaciones	Beneficio fiscal	2025	Los productores acuícolas están exentos del IGV a las ventas nacionales de productos acuícolas y también tienen derecho a una desgravación impositiva equivalente al IGV indicado por separado en sus facturas de compra, así como al pagado por las importaciones de bienes de capital, materias primas e insumos utilizados en la producción acuícola.
Reducción del tipo del impuesto a la renta	Beneficio fiscal	1998	Los contribuyentes situados en la Amazonía que ejerzan actividades de acuicultura o pesca (incluidas la fabricación, el procesamiento y la comercialización de productos primarios) se benefician de un tipo reducido del 10 %. Los contribuyentes situados en ciertas provincias de los departamentos de Loreto, Madre de Dios y Ucayali tendrán un tipo impositivo para el impuesto a la renta del 5 %.
Exención del IGV para los contribuyentes situados en la Amazonía	Beneficio fiscal	1998	Aplicable a las operaciones siguientes: • ventas de bienes que se realicen en la Amazonía para su consumo en ella; • servicios prestados en la zona amazónica; • contratos de construcción o primera venta de bienes inmuebles.
Créditos fiscales especiales del IGV para la Amazonía	Beneficio fiscal	1998	Los contribuyentes situados en la Amazonía que ejerzan actividades de acuicultura o pesca (incluidas la fabricación, el procesamiento y la comercialización de productos primarios) se benefician de un crédito fiscal especial equivalente al 25 % del impuesto mensual bruto. Los contribuyentes situados en ciertas provincias de los departamentos de Loreto, Madre de Dios y Ucayali tendrán un crédito fiscal especial del 50 % del impuesto mensual bruto.
Programa Nacional de Innovación en Pesca y Acuicultura	Cofinanciación	2017	Proporciona recursos financieros para ejecutar programas y proyectos destinados a mejorar la competitividad y la productividad del sector de la acuicultura y el procesamiento de pescado.
Fondo Nacional de Desarrollo Pesquero	Préstamos en condiciones favorables	1992	Ofrece financiación de programas de crédito para proyectos de acuicultura en pequeña escala destinados al desarrollo de infraestructura, consultoría empresarial y suministro de materiales y equipos.

Además de estos programas de apoyo, Perú también pone en marcha diferentes programas de formación y asistencia técnica para los productores acuícolas, cuyo objetivo consiste en mejorar la productividad y la competitividad, abordar las dificultades técnicas y crear sinergias en toda la cadena de valor. PRODUCE se encarga de financiar y poner en práctica estos programas. Además, Perú también cuenta con programas de formación sobre gestión de la acuicultura dirigidos a los funcionarios gubernamentales, los cuales se llevan a cabo principalmente a nivel subnacional, con el objeto de reforzar las capacidades técnicas de los gobiernos regionales.

6.6. Desafíos ambientales y necesidad de una visión a largo plazo y de estrategias adaptables

Las instituciones gubernamentales y otras partes interesadas han señalado el cambio climático como uno de los desafíos más acuciantes de la acuicultura peruana. De hecho, Perú presenta una exposición y una vulnerabilidad a los peligros naturales mayores que muchos otros países debido a la elevada frecuencia de los peligros y la concentración espacial de la población y la actividad económica en zonas de alto riesgo (PRODUCE, 2023[2]; Interviews in the context of the Review, 2024[4]; Paredes et al., 2024[6]; World Bank, 2022[7]).

Los productores de las zonas continentales se ven cada vez más afectados por fenómenos climáticos extremos, como lluvias intensas concentradas en cortos períodos de tiempo, que causan graves inundaciones, y sequías prolongadas. Estas condiciones se ven agravadas por el aumento de la temperatura del agua (tanto en los estanques como en las masas de agua continentales), el incremento de las enfermedades y la menor disponibilidad de agua procedente de las precipitaciones. La escasez de agua ya está afectando a los productores de la acuicultura continental, principalmente de trucha, y, a mediano y largo plazo, Perú podría enfrentarse a una contracción de las áreas aptas como zonas de cría y reservas naturales, lo que llevaría a una mayor competencia por los recursos de agua dulce entre los diferentes agentes (PRODUCE, 2023[2]; World Bank, 2022[7]).

La acuicultura marina, por su parte, se enfrenta a retos como la acidificación de los océanos, el aumento de la salinidad del agua y los cambios en su temperatura. Por ejemplo, el aumento de las temperaturas de los océanos puede favorecer el desarrollo de enfermedades y floraciones de algas nocivas que afectan a la calidad del agua y a la salud de los organismos acuáticos (PRODUCE, 2023[2]). La producción de ostiones, el tercer producto acuícola más importante de Perú, ya hace frente a importantes fluctuaciones en la producción anual total debido a la volatilidad de origen climático en las condiciones oceánicas, que afectan a la oferta de ostiones juveniles y la producción total (World Bank, 2022[7]). (Recuadro 6.1).

La contaminación de los cursos de agua, derivada de otras actividades económicas como la agricultura y la minería, también es un motivo de preocupación cada vez mayor para la producción acuícola. Esto se ve agravado por las aguas residuales domésticas e industriales, que a menudo se gestionan mal debido a la falta de una infraestructura de saneamiento adecuada, lo que afecta a la salud de las especies cultivadas (PRODUCE, 2023[2]).

En este contexto, Perú estableció la Estrategia Nacional ante el Cambio Climático al 2050 y el Plan Nacional de Adaptación al Cambio Climático 2021-2030, los cuales crearon los marcos institucional y jurídico destinados a abordar estos retos y reducir los riesgos y la vulnerabilidad asociados a dicho fenómeno. En concreto, el sector acuícola se incluyó como esfera prioritaria en el Plan Nacional de Adaptación al Cambio Climático (Resolución Ministerial núm. 096-2021-MINAM).

No obstante, las políticas acuícolas y ambientales podrían ser más eficaces si se aplicasen de una forma coordinada. Se necesita un diálogo abierto entre las entidades gubernamentales, las instituciones especializadas, los productores y otras partes interesadas pertinentes para que la adaptación sea eficaz, para lograr los compromisos de Perú en virtud de los distintos acuerdos internacionales y, el aspecto más importante, para promover el diseño y la aplicación de una política que garantice el futuro crecimiento de la acuicultura en entornos continentales y marinos (OECD/ECLAC, 2017[8]; World Bank, 2022[7]).

Además, y en consonancia con el Plan Nacional de Adaptación, las inversiones públicas y el aumento del gasto en adaptación, en especial en infraestructura resistente al cambio climático, podrían mitigar las pérdidas de producción. Estas inversiones deben realizarse de forma continua, invirtiendo en la capacidad de adaptación en lugar de en gastos *ad hoc* tras las emergencias, como ocurre actualmente (OECD, 2025[9])[5].

Recuadro 6.1. Repercusiones del cambio climático en la producción de trucha y ostión

En 2018, la producción de trucha arcoíris en Perú alcanzó un máximo histórico de 64 000 toneladas (t). Fue el resultado de la expansión sostenida de la acuicultura en las regiones altoandinas, apoyada por la inversión privada en, entre otras cosas, un mayor número de truchas jóvenes introducidas, mejoras en las técnicas de cultivo y comercialización, y un mayor uso de la tecnología en los sistemas de producción. Sin embargo, en 2019, las intensas precipitaciones y los fuertes vientos (debidos al fenómeno El Niño-Oscilación del Sur (ENOS)) causaron una actividad anormal de las olas, perturbando las piscifactorías de trucha en torno al lago Titicaca y la laguna Lagunillas (situada en la región de Puno), lo que repercutió negativamente en la producción.

En 2020 y 2021, los fenómenos climáticos adversos se vieron intensificados por los efectos negativos de la pandemia de COVID-19 sobre la captura y la producción de trucha arcoíris, en particular, la menor demanda de los mercados nacionales y de exportación, las dificultades con el transporte y la distribución, y el aumento del costo de los alimentos para los animales y otros insumos, entre otros. Esto condujo a una reducción del número de truchas jóvenes introducidas en las piscifactorías.

Gráfico 6.1. Producción de trucha arcoíris y ostión en Perú, 2012-2022

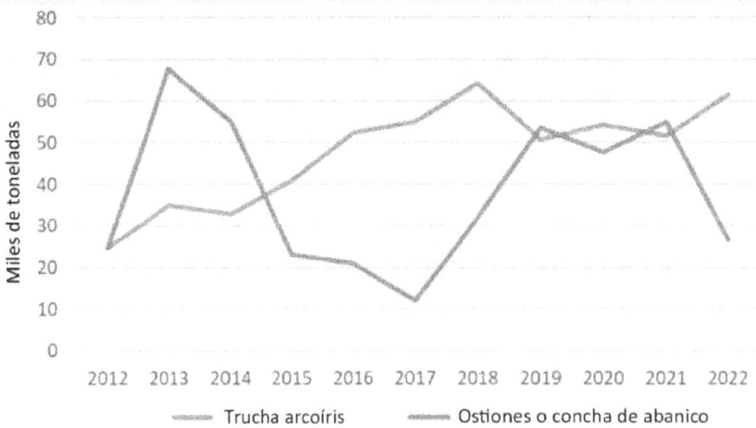

Fuente: OECD (2024[10]), "Aquaculture production", *OECD Data Explorer*, http://stats.oecd.org/wbos/default.aspx?datasetcode=FISH_AQUA.

En el caso de los ostiones (también conocidos como conchas de abanico), que son muy sensibles a las condiciones oceanográficas, en particular la temperatura del mar y los niveles de oxígeno disuelto, se produjeron fluctuaciones significativas en las capturas totales entre 2014 (55 000 t) y 2022 (26 000 t). Esto también es resultado de los efectos negativos debidos al fenómeno ENOS de 2017, que alteró los niveles de salinidad y redujo la productividad de las cuencas naturales. En 2019, la producción volvió a alcanzar un máximo (53 000 t), debido a la mejora de las condiciones ambientales y la recuperación de los sistemas de acuicultura, lo que causó un pronunciado aumento de las exportaciones de ostiones, que crecieron un 56 % en volumen con respecto a 2018 y superaron las 11 300 t. Esto, a su vez, animó a los piscicultores a ampliar sus cosechas.

Sin embargo, el año 2022 se caracterizó por un notable descenso de la producción total y la consiguiente reducción de las exportaciones, lo que se atribuyó al agotamiento de los bancos naturales tras varios años de sobreexplotación sin una repoblación adecuada, unido a la escasa inversión en el mantenimiento de las zonas de cultivo, la inestabilidad de los precios en los mercados internacionales y los efectos persistentes de la pandemia de COVID-19.

Fuente: Government of Peru (2024[1]), Review of Peru's fisheries and aquaculture: Policy information request for the background report informing the formal opinion of the OECD Fisheries Committee (COFI) on the accession of Peru to the Organisation.

References

Government of Peru (2024), *Review of Peru's fisheries and aquaculture: Policy information request for the background report informing the formal opinion of the OECD Fisheries Committee (COFI) on the accession of Peru to the Organisation*. [1]

Interviews in the context of the Review (2024), *Interviews conducted with Peru's government representatives and stakeholders in the context of the Review*. [4]

OECD (2025), *Draft OECD Economic Survey: Peru 2025*, OECD Publishing, Paris, https://one.oecd.org/document/ECO/EDR/ACS(2025)2/en/pdf. [9]

OECD (2024), "Aquaculture production", *OECD Data Explorer*, http://stats.oecd.org/wbos/default.aspx?datasetcode=FISH_AQUA. [10]

OECD (2021), *Water Governance in Peru*, OECD Studies on Water, OECD Publishing, Paris, https://doi.org/10.1787/568847b5-en. [3]

OECD/ECLAC (2017), *OECD Environmental Performance Reviews: Peru 2017*, OECD Environmental Performance Reviews, OECD Publishing, Paris, https://doi.org/10.1787/9789264283138-en. [8]

Paredes, C. et al. (2024), *La pesca en el Perú: Una ruta hacia un futuro próspero y sostenible*, Universidad Continental, Fondo Editorial, Huancayo, Peru, https://doi.org/10.18259/978-612-4443-64-0. [6]

PRODUCE (2025), *Aquaculture Formalization Workplan*, Ministry of Production, https://cdn.www.gob.pe/uploads/document/file/7475412/6363853-plan-de-trabajo-de-formalizacion-acuicola.pdf?v=1736522501. [5]

PRODUCE (2023), *National Aquaculture Policy to 2030*, Ministry of Production, https://rnia.produce.gob.pe/wp-content/uploads/2023/01/POLITICA-NACIONAL-DE-ACUICULTURA.pdf. [2]

World Bank (2022), *Peru Country Climate and Development Report*, World Bank Group, Washington, DC, http://documents.worldbank.org/curated/en/099220512062228587. [7]

Notas

[1] Aprobado por el Decreto Supremo núm. 003-2016-PRODUCE y sus modificaciones.

[2] Las concesiones son derechos temporales concedidos para explotar terrenos públicos o zonas acuáticas de dominio público, normalmente durante un período de 30 años. Son renovables.

[3] Las autorizaciones se conceden a los propietarios o poseedores particulares de un inmueble como atribución de sus derechos legales, una vez cumplidos los requisitos administrativos pertinentes. También se conceden por un período de 30 años y son renovables.

[4] La Ley de Promoción y Fortalecimiento de la Acuicultura (Ley 31666 de 2022) es la legislación general que enmarca los programas de apoyo al sector acuícola. Define las principales medidas políticas para el desarrollo del sector y pretende promover las sinergias entre los productores acuícolas a nivel nacional.

[5] Se estima que el Gobierno destinó casi el 3 % del PIB a las labores de reconstrucción tras el fuerte fenómeno de El Niño de 2017, aunque la eficiencia y eficacia del gasto fueron muy bajas y abundaron las denuncias de corrupción, lo que llevó a la disolución del organismo encargado de la reconstrucción en 2023 (OECD, 2025[9]).